Margarita Klein

Mit den Kleinsten im Kontakt

Sicherheit und Vertrauen schaffen: Bindungsförderung und Erziehungspartnerschaft in Krippe und Familie

Mit Beiträgen von Dagmar Brandi und Gudrun Schulz

Fotos: Horst Lichte

Ökotopia Verlag, Münster

Impressum

Autorin	Margarita Klein
Umschlag	Kerstin Heinlein
Fotos	Horst Lichte, Tornesch
Illustrationen	Mile Penava, Idstein
Satz	Hain-Team, Bad Zwischenahn
Layout	Felix Weigner
Herausgeber	BBS – Buchwerk Bernhard Schön, Idstein
ISBN	978-3-86702-157-9

1. Auflage
© 2011 Ökotopia Verlag, Münster

Widmung

Für all die kleinen Menschen, die ich ansehen, berühren und halten durfte, die mir ihr Lächeln geschenkt haben und ihr Vertrauen.

Für alle Mütter und Väter, die diesen kleinen Wundern einen Platz in ihrem Leben gegeben haben und damit uns alle reicher machen.

Für das kleine Kind, das in jedem Erwachsenen steckt. Das gesehen und geliebt werden will und spielen möchte.

Für alle Erwachsenen, die Kinder warmherzig, liebevoll und klug begleiten.

Für Klara: Möge dein Weg dir freundlich entgegenkommen.

Inhalt

Vorworte

Entwicklung braucht Berührung

Kinder sind von Natur aus Beziehungswesen. Von Beginn an suchen sie den Kontakt zu Anderen, die ihnen allmählich vertraut werden. Sobald die Eltern und andere Erwachsene das tiefe und ursprüngliche Kontaktbedürfnis des Kindes wahrnehmen und ihrerseits mit einem Kontaktangebot antworten, stellt sich jenes Wechselspiel ein, das gesundes Aufwachsen ermöglicht.

Die Entwicklung des kleinen Kindes ist auf innere und äußere Berührung mit anderen Menschen angewiesen, lautet die wohl wichtigste Botschaft des Buches von Margarita Klein „Mit den Kleinsten im Kontakt". Wenn aber Entwicklung angewiesen ist auf gelingendes Zusammenspiel, dann muss dies unsere Blickrichtung verändern. Die Perspektive allein auf das Kind reicht nicht aus. Sie muss ergänzt werden durch den Blick auf die Eltern und die Interaktion zwischen Kind und Erwachsenen.

Mit diesem Perspektivenwechsel verbindet sich die erste große Stärke dieses Buches: Durch einen beständigen Wechsel der Blickrichtung vollzieht es die dynamische Pendelbewegung des Zusammenspiels zwischen Kind und Eltern nach. Kinder brauchen Erwachsene, die sich feinfühlig auf ihr Kind einlassen und zugleich ihre eigenen Bedürfnisse nicht vernachlässigen. Und Erwachsene brauchen Kinder, deren Suche nach Kontakt sie berührt und fasziniert und deren Botschaften von ihnen erkannt und verstanden werden können.

Eine zweite Stärke des Buches besteht in seiner doppelten Übersetzungsleistung. Ebenso wie die Körper- und Gefühlssprache des kleinen Kindes in Erwachsenensprache übersetzt wird, gelingt es der Autorin, die zentralen Erkenntnisse moderner Säuglingsforschung leicht verständlich darzustellen. Befunde aus Neurobiologie und Entwicklungspsychologie werden ebenso souverän referiert wie Ergebnisse aus Frühpädagogik und Gesundheitsforschung.

Schließlich fällt eine dritte Stärke auf: Dieses Buch steckt an. Nicht nur zum Weiterlesen, sondern es macht Lust, über die eigenen Berührungserfahrungen und Kontakterlebnisse nachzudenken, sei es über die als Kind, das in dem erwachsenen Leser wachgerufen wird, oder über die Erfahrungen in der Rolle als Elternteil im Zusammensein mit dem eigenen Kind.

Margarita Klein ist das Kunststück gelungen, ein in sich zusammenhängendes, gut nachvollziehbares, Kind und Eltern gleichermaßen berücksichtigendes – mit einem Wort: kohärentes – Buch über die erstaunlichen Fähigkeiten zur wechselseitigen Abstimmung von kleinen Kindern und ihren Erwachsenen zu schreiben. Dazu herzlichen Glückwunsch!

Ich wünsche dem Buch eine große Verbreitung.

Prof. Dr. Jörg Maywald
Geschäftsführer der Deutschen Liga
für das Kind
Honorarprofessor an der Fachhochschule
Potsdam

Margarita Klein und ich sind uns zum ersten Mal im 2005, anlässlich der 10. Jahrestagung der GAIMH in Hamburg, begegnet. Sie hatte dort ihre Beratungsstelle vorgestellt, und ich hatte ein Referat gehalten zum Thema „Salutogenese und Kohärenzgefühl in den Angeboten von Entwicklungsbegleitung".

„Mit den Kleinsten im Kontakt" – diese fünf Wörter umschreiben die Voraussetzungen, die von Anfang an gegeben sein müssen, damit sich ein Kind in seiner Welt willkommen und aufgehoben fühlen kann.

Gestützt auf die theoretischen Konzepte Salutogenese und Kohärenzgefühl, Bonding und Bindung und auf Erkenntnissen der neurobiologischen und anthropologischen Forschung, wird im Buch anschaulich dargestellt, was Säuglinge und Kleinkinder heute brauchen, damit sie als Erwachsene kompetent und glücklich leben können.

Kohärenzgefühl und Bindungssicherheit entwickeln sich im alltäglichen Kontakt, in der Interaktion und Kommunikation zwischen dem Säugling und seinen Bezugspersonen.

Im praktischen Teil des Buches finden alle, die tagtäglich mit den Kleinsten im Kontakt stehen, vielfältige Anregungen zur Gestaltung dieser Interaktionen. Sie erhalten Antworten auf Fragen: Wie lassen sich die Kontakt- und Beziehungsbedürfnisse und -angebote der Kleinsten erkennen und verstehen? Wie sieht entsprechend „passendes Handeln" aus, damit sich eine sichere Bindung entwickeln kann?

Lassen sich die vielfältigen Kontakte mit dem Säugling so gestalten, dass sich ein starkes Kohärenzgefühl entwickeln kann, damit

- ⊙ das, was der Säugling erfährt, für ihn vorhersehbar und verstehbar wird;
- ⊙ er sich an dem, was mit ihm geschieht, beteiligen kann;
- ⊙ er sich in seinem „Eigen-Sinn" wahrgenommen fühlt und erfährt, dass es sich lohnt, wenn er sich anstrengt?

Das Buch richtet sich an Mütter und Väter und an all jene, die mit den Eltern zusammen das Kind in seiner Entwicklung aufmerksam begleiten. Diese Form gemeinsam bedachten Handelns auf der Grundlage der Salutogenese bezeichnen wir in der Arbeitsgruppe Entwicklungsbegleitung der GAIMH und bei F-NETZNordwestschweiz als Entwicklungsbegleitung. Sie führt zur Entwicklungspartnerschaft, die im Wochenbett, in der Familie, in der Kita oder in der Tagesfamilie nicht hoch genug eingeschätzt werden kann.

In diesem Sinne mögen die reichhaltigen Informationen und Anregungen in „Mit den Kleinsten im Kontakt" vielfältig Früchte tragen.

Kathrin Keller-Schuhmacher, lic. phil.
Psychologin FSP
Co-Leiterin F-NETZNordwestschweiz, Basel,
www.f-netz.ch
Mitbegründerin der Arbeitsgruppe
Salutogenese
(heute Entwicklungsbegleitung
der GAIMH, www.gaimh.org
(German speaking Association for Infant
Mental Health)

Einleitung

Ein kleines Kind ist immer im Kontakt: Es ist immer im gegenwärtigen Moment präsent in seinem Körper. Es nimmt seine Umwelt mit allen Sinnen wahr, und andere Menschen sind das Allerwichtigste. Es spricht mit der Sprache des Körpers, lange bevor es Worte gebraucht, und es berührt die Gefühle seiner Mitmenschen unmittelbar.

Wenn wir als Erwachsene – ob als Eltern oder Fachleute – darüber nachdenken, was kleine Kinder brauchen, damit sie sich heute wohlfühlen und für ihre Zukunft gut gerüstet sind, helfen uns Forschungen aus verschiedenen Wissenschaftsgebieten. Dabei entdecken wir alte Weisheiten: dass es im Kern darauf ankommt, dem kleinen Kind mit wacher Aufmerksamkeit und liebevollem Mitgefühl zu begegnen, seine Botschaften zu verstehen und es dabei zu unterstützen, sich in seiner Welt zurechtzufinden und sie mit Freude zu gestalten.

Die Aneignung der Realität, das, was wir Lernen und Entwicklung nennen, ist vor allem ein sozialer Prozess. Das Kind ist kein einsamer Forscher, der die unbekannte Welt entdeckt, sondern ein von Anfang an kompetent agierendes soziales Wesen. Es integriert seine Wahrnehmungen zusammen mit dem emotionalen Kontext zu dem komplexen Ganzen, das seine Person ausmacht. Dazu braucht es den lebendigen Kontakt zu Menschen, die emotional und körperlich präsent sind.

Es ist für die Erwachsenen ein tägliches Training, vergleichbar mit einer Meditationsübung, immer wieder die Achtsamkeit auf das Kind zu lenken, neben und trotz all der anderen Anforderungen des Alltags. Der Gewinn für uns liegt darin, dass wir uns selbst besinnen auf das Gegenwärtige, dass wir sehen und hören und fühlen und bereit sind für das Staunen. Dabei können wir für einen Moment die Sorgen um die Zukunft und die Gedanken über die Vergangenheit vergessen. Ein Kind bringt Freude mit auf die Welt, eine geradezu unbändige Lust zum Gucken und Fühlen, zum Wachsen und Lernen. Mit einem kleinen Kind Zeit verbringen zu dürfen, ist ein Geschenk! Dieses Buch umfasst drei Ebenen: die des Wissens, des Handelns und des Fühlens.

Es beschreibt komplexe Theorien (Salutogenese, neurobiologische Ansätze, Bindungstheorie, Entwicklungspsychologie) und möchte erreichen, dass die Menschen, die mit kleinen Kindern leben oder arbeiten, kognitiv wissen, was sie intuitiv oder bewusst tun (Kapitel 1 und 2).

Das Buch gibt Ihnen eine kleine Übersetzungshilfe, mit der Sie die nonverbale Sprache eines kleinen Kindes sehen und verstehen können (Kapitel 3).

Es regt an zum interaktiven Handeln, in gutem Kontakt mit dem Kind bei der täglichen Versorgung und bei Massagen, Spiel und Spaß (Kapitel 4).

Es bietet den Erwachsenen Ideen, miteinander und mit sich selbst in gutem Kontakt zu sein. Diese basieren auf dem Ansatz der systemisch-lösungsorientierten Kommunikation (Kapitel 5, 6).

Dieses Buch ist im besten Sinne systemisch. Es nimmt sowohl die Blickwinkel des Kindes als auch die der Erwachsenen ein. Zu einem Kontakt gehören zwei Menschen. Es reicht nicht aus, Forderungen an die Erwachsenen zu stellen, wie sie sich für das Kind optimal verhalten sollen. Eltern und andere nahe Erwachsene eines Kindes brauchen ihrerseits emotionale Rückenstärkung, damit sie sich öffnen können für ihre eigenen Gefühle und die des Kindes.

Auch die soziale Perspektive wird einbezogen, denn in Zukunft wird es immer mehr darauf ankommen, dass wir fühlen, denken und handeln als Teil eines größeren Zusammenhangs. Dieses Buch möchte seinen Weg finden zu den Gedanken, den Herzen und den Händen aller Menschen, die mit kleinen Kindern zu tun haben: Eltern und Fachpersonen aller Berufe in der frühen Kindheit, Großeltern, Onkeln und

Tanten. Sie alle mögen sich angesprochen fühlen, wenn ich „Erwachsene" schreibe.

Wissen, Handeln und Fühlen erfordern eine unterschiedliche Ansprache des Lesers, der Leserin. Ich werde Sie in manchen Passagen direkt ansprechen, in anderen geht es eher sachlich zu. Die Beiträge von Dagmar Brandi und Gudrun Schulz sind in ihrer eigenen Ausdrucksweise geschrieben, und ich danke ihnen herzlich für diese Bereicherung.

Wenn Sie mit diesem Buch lernen und arbeiten, können Sie erst die Theorie und dann die praktischen Anregungen lesen oder umgekehrt.

Ich wünsche Ihnen viel Freude mit dem Buch und vor allem mit den kleinen Kindern, die nur darauf warten, dass Sie da sind!

Auch ein Buch ist immer das Ergebnis von Kooperation: Ich danke allen, die mich unterstützt, verbessert und bestätigt haben, vor allem Jochen Klein, Marieke Klein, den Kolleginnen, den Teilnehmerinnen der Fortbildungen, den Eltern und kleinen Kindern bei KREISEL e. V., der „GAIMH" und der „Deutschen Liga für das Kind" für den interdisziplinären Blick. Und ich danke Bernhard Schön, dem kenntnisreichen Lektor fast aller meiner Bücher, dem Ökotopia Verlag, dem Fotografen Horst Lichte, Martin Sievers für seinen Beitrag, Uwe Reisenauer und seiner Gruppe „Spielraum" und den anderen Kindern und Erwachsenen, deren Fotos dieses Buch lebendig machen.

Margarita Klein

Fit für die Zukunft

Deine Kinder sind nicht deine Kinder. Sie sind die Sehnsucht des Lebens nach sich selbst. (…)
Du kannst ihren Körpern ein Zuhause geben, aber ihre Seele wohnt im Haus von Morgen,
welches du nicht betreten kannst, nicht einmal in deinen Träumen.
KHALIL GIBRAN

Geborgenheit und Beziehung heute macht klug und glücklich für morgen – und: Nichts ist so praktisch wie eine gute Theorie.

In diesem Kapitel geht es um die Frage, was Kinder heute brauchen, damit sie als Erwachsene kompetent und glücklich leben können. Lernen Sie die Theorie der Salutogenese kennen, die Erkenntnisse der neurobiologischen und anthropologischen Forschung, und erfahren Sie etwas über die Entwicklung der Bindung.

Um das Leben meistern zu können, brauchen Menschen heute und in Zukunft Verbundenheit und Kommunikationsfähigkeit, Gestaltungsfreude und den Willen, Verantwortung zu übernehmen, Lernfähigkeit und Wissen. Bildung gilt als der wichtigste Schlüssel für ein gut gelingendes Leben. Das bedeutet allerdings nicht, Kindern möglichst viel von dem heute bekannten Faktenwissen zu vermitteln, sondern sie zu befähigen, mit all dem Neuen und Herausfordernden in ihrem Leben möglichst kreativ, konstruktiv und für sie befriedigend umgehen zu können

Kinder brauchen Bindung und Bildung, damit sich ihr Potential entfalten kann. Die Basis dafür wird früh gelegt. Die Erfahrungen eines Kindes in seinen ersten drei Lebensjahren sind von großer Bedeutung dafür, ob es in seinem Leben sowohl Sicherheit und Verbundenheit als auch die Freude am Erleben, Entdecken und Gestalten verwirklichen kann.

**Nichts ist so praktisch
wie eine gute Theorie**

Mit einem Kind wird die Hoffnung auf die Zukunft geboren. Dieser kleine Mensch wird über uns hinauswachsen und Dinge sehen und erleben, von denen wir heute noch nicht einmal wissen, dass es sie geben wird. Und wir hoffen, dass er glücklich wird und wünschen, dass er sein Leben meistern kann. Was macht Kinder fit für ihre Zukunft? Welche Fähigkeiten werden sie brauchen, um die Herausforderungen ihrer Zeit passend beantworten zu können?

Je kleiner ein Kind ist, umso enger sind seine körperliche, seelische, geistige und soziale Entwicklung miteinander verzahnt. So ist es nur folgerichtig, dass verschiedene Berufsgruppen und unterschiedliche Forschungsbereiche ihren Beitrag zum Themenfeld Frühe Kindheit leisten: aus dem Gesundheitsbereich, der Gehirnforschung, der Verhaltensbiologie, der Anthropologie, der Psychologie und der Pädagogik.

Der Begriff „Frühpädagogik" ist noch neu und umfasst alle Berufe, die sich mit Säuglingen und kleinen Kindern beschäftigen. Dazu zählt die Arbeit der Hebammen, die die Familie in ihren ersten Wochen und Monaten begleiten, ebenso wie die Leitung eines Eltern-Kind-Kurses, die Hilfe für Familien in der Frühförderung und natürlich der gesamte Bereich der Tagesbetreuung. Bei der Forschung über und beim Umgang mit sehr kleinen Kindern müssen immer deren Eltern oder andere nahe Erwachsene als Personen und nicht nur als Funktionen mit bedacht werden. Systemisches Denken ist erforderlich, denn so etwas wie ein „kleines Kind an sich" gibt es nicht. Es gibt immer nur ein Baby in Verbindung mit seinen nahen Personen.

Frühpädagogik bekommt seit einigen Jahren die gesellschaftliche Anerkennung, die ihr angemessen ist. Das zeigt sich in politischen Programmen, in der Forschung, im zunehmend bewussteren täglichen Umgang von Eltern mit ihren Kindern und in Kinderkrippen oder bei Tagesmüttern.

Die Arbeit der Fachleute in der Frühpädagogik (Hebammen, Sozialpädagoginnen, Kursleiterinnen, Erzieherinnen) basiert vor allem auf Beobachtungen und Erfahrungen in ihrer täglichen Arbeit, da fundierte Konzepte zur Frühpädagogik in der Entwicklung sind bzw. noch vielfältigen Diskussionen unterliegen.

Ebenso sind Eltern und Großeltern Expertinnen und Experten für ihr (Enkel-)Kind und wissen oft sehr genau, was diesem gut tut und was nicht.

Dem Umgang zwischen Erwachsenen und Kindern im professionellen Zusammenhang – und in bestimmtem Maße dem alltäglichen Zusammenleben von Eltern und Kind – sollten neben der Intuition auch gut begründete und diskutierbare Konzepte, Maximen, Theorien zugrunde liegen. Pädagogisches Handeln hat dabei das körperliche, seelische, geistige und soziale Wohlbefinden eines Kindes zum Ziel. Dadurch werden Voraussetzungen geschaffen, die es dem Heranwachsenden und dem Erwachsenen ermöglichen, gesund, arbeits- und beziehungsfähig zu leben.

Das genau ist die Intention des inzwischen in verschiedenen Bereichen (Primärprävention, Burnoutprophylaxe) bewährten und anerkannten Konzepts der Salutogenese. Hier begegnen sich pädagogische und gesundheitsbezogene Konzepte und fügen sich zusammen zu nützlichen Anregungen für die Frühpädagogik. Die im Folgenden zusammengestellten Theorien und Forschungsergebnisse bilden den Hintergrund für die praktischen Ausführungen. Ausgangspunkt ist dabei das Konzept der Salutogenese (s. u.), ergänzt um aktuelles Wissen aus Neurophysiologie und Anthropologie über Entwicklung und Lernen sowie über erstaunliche, frühe kindliche Fähigkeiten zur Kommunikation (ab S. 21). Mit der Bindungstheorie (ab S. 26) wird es möglich, gesundheitsförderliche (salutogenetische) Konzepte für den Umgang mit Kindern zu entwickeln.

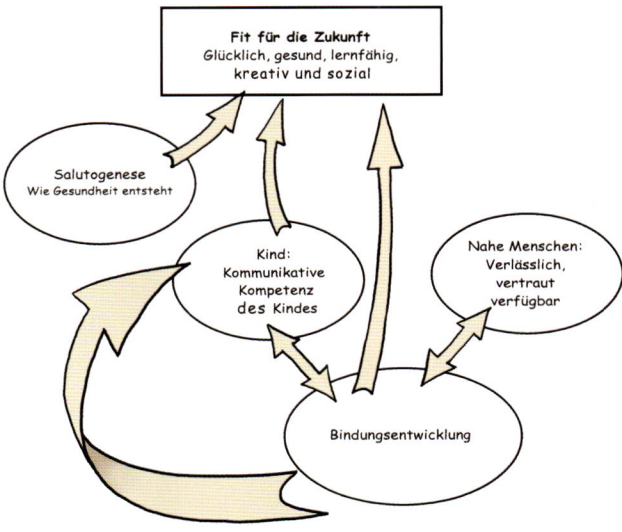

Mit fundierten Erkenntnissen und dem Bewusstsein über die eigenen handlungsleitenden Hypothesen haben Sie für den Alltag mit Kindern eine sichere Basis. Dann können Entscheidungen leichter getroffen, Probleme reflektiert und Strategien entworfen und auch wieder geändert werden. Die Verständigung zwischen den an der Erziehung des kleinen Kindes Beteiligten wird sachlicher und damit wahrscheinlich fruchtbarer.

In diesem Buch wird stets mit bedacht, was Eltern und Erzieherinnen benötigen, um die vorgestellten praktischen Anforderungen leisten zu können. Außer den Aspekten, die im Handlungsspielraum der nahen Personen kleiner Kinder selbst liegen gehört dazu, dass die hier formulierten Gedanken von der Politik umgesetzt werden in Maßnahmen

- die Frauen die notwendige Zeit geben für einen guten Ablauf der natürlichen Prozesse von Schwangerschaft, Geburt, Wochenbett und Stillzeit;
- die verhindern, dass Männern und Frauen in materielle Nöte geraten, wenn sie Kinder bekommen;
- die Kindertageseinrichtungen in notwendige Qualität und ausreichender Finanzierung bereitstellen.

Salutogenese: Wie Gesundheit entsteht

„Gesundheit" ist der häufigste Wunsch von werdenden Eltern und Großeltern für das kommende und heranwachsende Kind. Dennoch bleibt oft merkwürdig unscharf, was wir eigentlich unter Gesundheit verstehen.

Die Weltgesundheitsorganisation (WHO) gibt folgende Definition: „Gesundheit ist ein Zustand vollkommenen körperlichen, geistig-seelischen und sozialen Wohlbefindens".

Allerdings ist Gesundheit in aller Regel gar nicht so deutlich zu spüren. Wir nehmen eher die Anwesenheit von Krankheit wahr: Wenn Sie jetzt gerade Zahnweh hätten, wäre Ihnen das sehr bewusst. Ist Ihnen ebenso präsent, dass Sie gerade *kein* Zahnweh haben? Wir spüren Gesundheit vor allem, wenn wir sie verlieren könnten: im körperlichen Bereich funktionelle Störungen, Missempfindungen oder Schmerzen haben; auf der psychischen Ebene z. B. traurig sind; auf der sozialen Ebene Ängste vor dem Alleinsein erleben, vor Verarmung, vor Verlust des Arbeitsplatzes.

Die Abwesenheit der Gesundheit können wir also wahrnehmen, wir wissen dann, dass wir krank sind oder uns unwohl fühlen. Ebenso spüren wir, wenn wir darauf achten, dass wir uns wohlfühlen. Daraus schließen wir, dass wir gesund sind. Die Gesundheit selbst ist eher ein Konstrukt, das zudem recht unterschiedlich ausgefüllt wird.

Verhält sich z. B. eine Schwangere vernünftig, wenn sie auf Überlastung mit Wehen reagiert und sich damit vor weiteren Zumutungen schützt oder ist sie dann krank? Wenn ein Kleinkind eine Reihe von banalen Infekten absolviert, ist das zwar lästig für alle, dient aber dem Aufbau seines Immunsystems. Wenn ein Schulkind Bauchweh hat und dann einen Tag Ruhe zu Hause mit Mama verbringt: Ist das möglicherweise eine gesunde Reaktion auf Überlastung?

Eine erweiterte Definition von Gesundheit könnte also lauten: Der Körper ist gesund, wenn er auf eine sinnvolle Weise reagiert, z. B. toxische Stoffe mit Erbrechen und Durchfall möglichst schnell ausscheidet oder eindringende Bakterien heftig bekämpft und dabei Fieber entwickelt. Die Reaktionen wiederum können störend wirken, können Unwohlsein hervorrufen.

Das Konzept der Salutogenese (salus = gesund, genesis = Entstehung) bietet mit seinem weit über den Alltagsgebrauch des Begriffs Gesundheit hinausgehenden Verständnis von Wohlbefinden einen theoretischen Hintergrund, der es ermöglicht, gut begründete Strategien auch für die Gestaltung des Lebens kleiner Kinder abzuleiten.

In der Tat sind mit den vier genannten Bereichen des Befindens grundlegende Aspekte benannt, die das Leben ausmachen: Kinder und Erwachsene möchten

- ⊙ möglichst körperlich gesund sein, sich gut bewegen können, fit sein, alle Organe sollen funktionieren;
- ⊙ sich möglichst wohl fühlen, ohne Ängste, Beklemmungen;
- ⊙ einen gewissen Wissensstand einschließlich eines qualitätsvollen gesellschaftlich Bildungsstands;
- ⊙ Freunde, Partner, Gleichgesinnte haben und gesellschaftlich eingebunden sein.

Dies wird jeweils in individuell unterschiedlicher Ausprägung und mit unterschiedlicher Intensität erlebt. Und auch je nach Alter bedeutet Wohlbefinden etwas anderes: Ein Säugling ist zufrieden, wenn er einen heilen und keinen wunden Po hat, zum richtigen Zeitpunkt gestillt wird, sein Mobile kennt und vom Geschwisterkind angestrahlt wird.

Ein Siebenjähriger würde vielleicht Wohlbehagen empfinden, wenn er mit seinem Schlitten geschickt den Hang hinunterfährt, die Lese- und Schreibanforderungen der ersten Schulklasse (so ungefähr) erfüllt und Freunde hat.

Die 30-Jährige denkt an gute Figur und Fitness, einen möglichst gesicherten Arbeitsplatz, der den intellektuellen Fähigkeiten entspricht, und ein erfülltes Freizeitleben mit Familie, Freundinnen und Freunden.

Der Mittsechziger freut sich, wenn die Tageswanderung noch geschafft wird, die vielen möglichen Krankheiten nicht aufgetreten sind und die Begeisterung für Kulturelles ausgelebt werden kann.

Salutogenese beschäftigt sich damit, was alles dazu beiträgt, dass ein kleiner oder großer Mensch so verstandenes Wohlbefinden erlebt. Dabei ist kein harmonisches Weltbild, ohne Erleben von Konflikten, körperlichen Schmerzen oder Misserfolgen gemeint Vielmehr geht es darum, dass ein Mensch dazu in der Lage ist, Belastungen zu bewältigen; dies zeigt schon die Entstehungsgeschichte des Konzepts. Es wurde im Zusammenhang mit Forschungen darüber entwickelt, was Erwachsenen geholfen hat, trotz sehr belastender Erlebnisse ein zufriedenstellendes Leben zu führen (Antonovsky 1997; Bengel 2001; Klein 2003; Lorenz 2004).

Auf unser Thema übertragen heißt das: Aufwachsen, Heranwachsen und Erwachsenen-Leben enthalten neben positiven auch negative Erfahrungen und Erlebnisse. Bei allem angestrebten Wohlbefinden sind Belastungen unausweichlich: Der Po wird wund, der Schlitten stürzt, ein Autounfall, eine Krankheit … Und nicht selten erleben Menschen Schlimmeres: lebensbedrohliche Krankheit, Gewalt, erzwungene Flucht. Angesichts dieser Realität stellt sich die Frage, was ein Mensch braucht, um mit solchen Herausforderungen umzugehen.

- ⊙ Was hilft, was gibt Kraft?
- ⊙ Was davon bringt ein Kind mit auf die Welt?
- ⊙ Wie entwickeln sich die notwendigen Fähigkeiten?

Aus den Antworten auf diese und weitere Fragen lassen sich später Aufgaben für die Frühpädagogik ableiten.

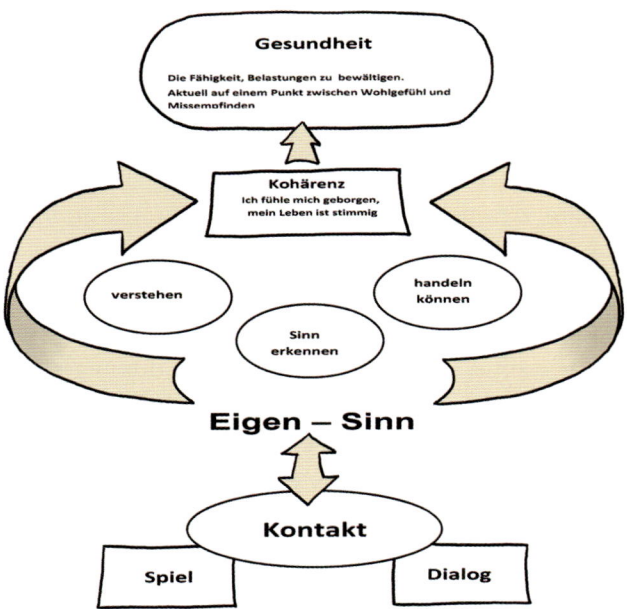

Kohärenz als Schlüssel zur Gesundheit

Welche Faktoren bewirken nun, dass der eine Mensch im Wesentlichen gesund und zufrieden ist, obwohl er im Leben viel Unangenehmes und Schmerzhaftes zu bewältigen hatte, während ein anderer unter ähnlichen äußeren Bedingungen körperlich erkrankt, seelisch dauerhaft leidet, seine kognitiven Fähigkeiten nicht ausschöpfen kann und/oder sich in seiner sozialen Umgebung nicht wohlfühlt?

Das Salutogenese-Konzept benennt dafür ein gutes Kohärenzgefühl und den Sinn für Kohärenz als entscheidend. Der Eigen-Sinn, das Gefühl für sich selbst und der Dialog mit der Umwelt sind damit verbundene Aspekte.

Ein Mensch mit gutem **Kohärenzgefühl** sieht einen inneren Zusammenhang in seinem Leben. Sein Leben erscheint ihm stimmig, auch in Krisen, er lebt in Übereinstimmung mit seinen Werten, und er fühlt sich handlungsfähig. Er empfindet sich im äußeren Zusammenhalt mit Anderen und fühlt sich geborgen. Starke soziale Netzwerke und eine spirituelle Verankerung helfen, auch schwierige Situationen zu bewältigen.

Der Begriff Kohärenz wird auch in der Physik und in der Medizin verwendet. Er bezeichnet das Ausmaß, in dem Phänomene zusammenhängen und aufeinander bezogen sind. In der Auswertung eines EKG sagt die Kurve der Herztöne etwas darüber aus, wie gut das Herz in der Lage ist, sich an die wechselnden Anforderungen anzupassen. Ein Herz ist fit, wenn es schneller schlägt bei Belastung und langsamer in Ruhe. Fit sein bedeutet hier, passend (to fit = passen) auf die Umwelt zu reagieren und dabei die eigene Balance nicht zu verlieren.

Kohärenzgefühl: Damit wird eine eher zuversichtliche Lebenseinstellung bezeichnet, ein Vertrauen darauf, dass meine Erfahrungen mit mir und meinem Umfeld verlässlich, vorhersagbar sind. Und eine große Wahrscheinlichkeit besteht, dass sich Aktivitäten und Situationen so gut entwickeln, wie ich es ungefähr erwarten kann. (vgl. Antonovsky 1979; Bengel 2001).

Menschen entwickeln ein stabiles Kohärenzgefühl, wenn

- ⊙ die Ereignisse für sie *verstehbar* und vorhersehbar sind,
- ⊙ ein *Handlungsspielraum* besteht und die Möglichkeit und Fähigkeit, diesen zu nutzen, und
- ⊙ sie sagen können: Die Anstrengung lohnt sich, es hat einen Sinn.

Eine innere Steuerungsinstanz bewertet die äußeren Ereignisse als Herausforderung, als Ressource oder als Bedrohung. Sein **Sinn für Kohärenz** bestimmt, wie und ob sich ein Mensch geborgen und stimmig fühlt oder hilflos und belastet.

Passieren mir unerklärlicherweise immer Dinge, die ich gar nicht will und mit denen ich mich wohl oder übel auseinandersetzen muss – oder fügen sich in meinem Leben erstaunlicherweise

„Ich will dir etwas sagen"

ßeren Zusammenhang bewusst – oder erlebe ich mich eher als allein und verlassen?

Eigen-Sinn und Dialog: Eigen-Sinn ist das Gefühl für den eigenen Körper, für die eigenen Wünsche und Fähigkeiten, für die eigenen Grenzen. Eigen-Sinn setzt voraus, dass der Mensch sich selbst und seine Umwelt mit allen Sinnen wahrnimmt und die Wahrnehmungen zu einem sinnvollen Bild integriert. Das untrennbare Pendant zum Eigen-Sinn ist der Dialog: Es gibt ein Innen-„Ich", und es gibt ein Außen-„Du". Wer bin ich, wo bin ich – und wo beginnt der andere?

> Der Mensch wird am Du zum Ich
> MARTIN BUBER

Das ungeborene Kind erlebt seinen Eigen-Sinn von Anfang an im Kontakt mit seiner Mutter. Durch seinen Hautsinn spürt es als erstes die Grenze des Körpers, es hört und spürt, dass der Rhythmus seines Herzens ein ganz eigener ist, seine Bewegungen sind nicht die der Mutter. Vor und nach der

oft zunächst überraschende Ereignisse zu einem Weg zusammen?

Bewerte ich Schnupfen als eine Krankheit und fühle mich gekränkt – oder als eine gesunde, wenn auch lästige Abwehrreaktion des Körpers?

Bin ich mir meiner Verbindungen zu anderen Menschen, meines Eingebettet-Seins in einen grö-

Geburt trainiert ein Kind unablässig seine Selbstwahrnehmung. Auch der – bei den Erwachsenen mitunter eher weniger willkommene – Eigen-Sinn eines Kindes dient dazu, immer wieder abzuklären, wo genau die Grenzen sind, ob sie stabil sind, wie weit die Macht der eigenen Person reicht und wo sie endet.

Im Spiel überschreitet das Kind lustvoll diese Grenzen. Dabei erfährt es sie – manchmal schmerzhaft – und erweitert sie gleichzeitig: So bildet es Schritt für Schritt seine Persönlichkeit aus.

Das kleine Kind liebt es, mit dem Erwachsenen das Geben und Nehmen von Gegenständen zu spielen: ein Dialog. Das größere Kind erzählt seine Erlebnisse aus dem Kindergarten, Erwachsene berichten einander von alltäglichen oder besonderen Ereignissen, in der Beratung und der Psychotherapie ist das gemeinsame Entwickeln einer tragfähigen Geschichte ein wesentliches Element der Heilung. Dann fühlen sich Menschen weniger allein, weniger ohnmächtig und geängstigt, weniger gestresst, der Dialog wirkt heilend. Für das sehr kleine Kind ist der nonverbale Dialog, die Erfahrung mit einer anderen Person im körperlichen Kontakt zu sein, das Fragen und Antworten in der Berührung die wichtigste Art, Aufeinanderbezogenheit zu erfahren. Eigen-Sinn, Verstehbarkeit, Handhabbarkeit, Sinnhaftigkeit und Kohärenz sind Schutzfaktoren in der Schwangerschaft, für kleine Kinder und für die Familie. Sie können sich im Dialog mit den Fachleuten entwickeln, die die Familie bei ihrer Entwicklung begleiten. Anregungen dazu finden Sie im Kapitel 5. Und nicht zuletzt lassen sich aus dem Konzept der Salutogenese auch Strategien ableiten, die es Eltern und Fachpersonen selbst ermöglichen, gesund zu bleiben (Kapitel 6).

Erste salutogenetische Anregungen für die Frühpädagogik

1. Zugehörigkeit

Das Gefühl des Dazugehörens in der Familie und in der Kindergruppe sind stärkende Erfahrungen. Ausgeschlossen zu werden, ist die vielleicht schlimmste Strafe für ein Kind und kann sein Lebensgefühl massiv beeinträchtigen. Wenn es weint, weil es müde ist, weil ihm etwas nicht gelingt oder weil es zornig ist, braucht es eher eine Umarmung als ein „Geh in dein Zimmer": Time-in statt Time-out!

2. Verstehen und Vorhersagen

Das Kind möchte seine Welt verstehen und vorhersagen können, was als Nächstes geschieht. Eltern und Erzieherinnen müssen dem Kind immer wieder dabei helfen, seine Welt kennenzulernen. Dazu gehören wiedererkennbare Handlungen im Tagesablauf, ein für das Kind nachvollziehbares Tempo, kleine Alltagsrituale und große jahreszeitliche Rituale. All dies kann Kindern helfen, Vertrauen darin zu entwickeln, dass die Welt wohlgeordnet ist, auch wenn täglich so viel Neues passiert.

3. Handlungsspielraum

Jeder Mensch braucht einen für seine Möglichkeiten angemessenen Handlungsspielraum. In jedem Lebensalter haben Menschen das Bedürfnis, selbstwirksam tätig werden zu können, Neues ausprobieren zu können, auch versuchsweise. Schon das sehr kleine Kind liebt es, Dinge selbst tun zu können und damit eine Wirkung zu erzielen. Kinder haben eine große Chance, ihr Potential zu entfalten, wenn sie von Anfang an die Erfahrung machen, dass ihr Handeln wirkungsvoll ist: Lassen wir es zu.

4. Sinnhaftigkeit
a. Werte der Erwachsenen vermitteln Kindern Sinn.

Es gibt Ziele, für die sich Anstrengung lohnt. Ein gesetztes Ziel zu erreichen, führt zu aktuellem eigenem Wohlbefinden oder/und sichert die Anerkennung in der sozialen Gemeinschaft. Wenn ein Kind ausreichende und passende materielle und emotionale Resonanz auf sein Verhalten und sein Da-Sein erfährt, bekommt sein Leben Sinn, und es verhält sich gerne so, dass es Anerkennung und Erfolg erleben kann. Umgekehrt hat es keinen Anlass, egoistische Impulse zurückzustellen oder sich anzustrengen, wenn dem Umfeld seine Handlungen gleichgültig sind. Ein klares Wertesystem der Erwachsenen hilft einem Kind, die Unterscheidung zu treffen, wofür es sich lohnt und wofür nicht.

b. Religion/Spiritualität gibt Sicherheit.

Manches im Leben steht außerhalb unserer Macht und seine Sinnhaftigkeit ist kaum zu begreifen: Geburt, Leben, Krankheit, Tod, Krieg oder Frieden, Naturereignisse. Um solche Ereignisse annehmen und bewältigen zu können, kann Spiritualität eine große Hilfe sein. Das Wort „religio" bedeutet Rückversicherung. Sie kann im Rahmen organisierter Religion oder als Gefühl des Eingebunden-Seins in einen größeren Zusammenhang erfahren werden. Es gibt viele Möglichkeiten, überwältigende Ereignisse des menschlichen Lebens in einem übergeordneten Rahmen zu sehen, ihnen Sinn zu geben. Kinder stellen immer wieder Fragen nach dem übergeordneten Sinn: Warum musste der Hamster sterben? Wo ist Opa jetzt? Wo komme ich her? Und Kinder lieben die Rituale, die Verbundenheit mit der Natur, mit den Jahreszeiten, mit etwas Größerem als

sie selbst – wie immer die Erwachsenen das jeweils benennen.

c. Ökologisches Denken fördert das Gefühl für Verbundenheit.

Das Bewusstsein, ein verantwortlicher Teil eines größeren Zusammenhangs zu sein, führt auch zu globalem und ökologischem Denken: Es ist eine Werte-Setzung, im Winter keine Erdbeeren vom anderen Ende der Welt zu essen und stattdessen dem Kind einen Apfel aus der Region anzubieten. Oder statt Massen unnützen Spielzeugs ausgewählte Dinge zu kaufen und darauf zu achten, dass diese nicht mit der Arbeit von Kindern in armen Ländern hergestellt wurden. So lernen schon Kinder, dass auf dieser Erde alles mit allem zusammenhängt.

5. Den Eigen-Sinn stärken

Ein Kind braucht viele Erfahrungen im realen körperlichen Kontakt mit nahen Menschen. Berührung, Massagen, Rangeln, Raufen, Toben, Kuscheln: Kinder lieben körpernahe Spiele mit ihren Erwachsenen. Spiele dürfen gelegentlich ruhig ein wenig über die Grenzen gehen, nur so kann das Kind Grenzen erleben. Dann spürt es sich selbst, und so lernt es den Rahmen seiner Möglichkeiten zunehmend besser kennen.

Zusammenfassung

Das Konzept der Salutogenese bietet einen theoretischen Rahmen, in dem sich nützliche Handlungsstrategien für den Umgang mit den Kleinen ableiten lassen:

- *Gesundheit ist die Fähigkeit, Belastungen zu bewältigen.*
- *Kohärenz, das Gefühl eines inneren Zusammenhangs und des äußeren Zusammenhalts, ist ein Schlüssel zur Gesundheit.*
- *Kohärenz bedeutet Geborgenheit bei anderen und Stimmigkeit mit sich selbst.*

- *Kohärenz entsteht, wenn ein Mensch seine Welt versteht, wenn er handeln kann und es auch tut, und wenn ihm sein Tun sinnvoll erscheint.*

Eigen-Sinn ist die Fähigkeit, sich selbst und andere in Gemeinsamkeiten und Unterschieden sowohl sinnlich körperlich als auch kognitiv wahrzunehmen. Eigen-Sinn entsteht im Dialog mit Menschen und Dingen von Anfang an.

Eine Antwort auf die Frage, wie ein Mensch ein gutes Kohärenzgefühl entwickeln kann, findet sich in der Bindungstheorie (➜ S. 26). Das kleine Kind entwickelt im Dialog mit nahen, vertrauten, wohlwollenden Menschen eine Grundausstattung an Vertrauen in sich selbst und in die Welt. Es spürt seine eigenen Fähigkeiten, nutzt seine Möglichkeiten, und wenn es Hilfe braucht, ist jemand da.

Gesundheit ist ein lebenslanger Weg, und Bindung steht an seinem Anfang. Immer ist es für das Wohlbefinden von Menschen bedeutsam, ob sie vertrauensvoll und mit einem guten Sinn für sich selbst in Beziehung zu ihrer Umgebung stehen – dies gilt gerade dann, wenn das Leben sie vor Herausforderungen stellt.

Was Kinder mit auf die Welt bringen

Bevor wir Überlegungen anstellen, wie Eltern und Erzieherinnen Kohärenzgefühl, Kohärenzsinn, Eigen-Sinn und Dialog unterstützen können und das Kind eine tragfähige Bindungsstrategie entwickelt, stellen wir einige Forschungsergebnisse vor, die zeigen, dass frühe Pädagogik bereits an vorhandenen Kompetenzen auch sehr junger Kinder anknüpfen kann.

Ich fühle (dich), also bin ich

Kinder kommunizieren von Anfang an. Marianne Krüll beschreibt in ihrem Buch „Die Geburt ist nicht der Anfang" (2009), wie schon von den ersten Zellen an das sich entwickelnde Kind in engem Austausch mit seiner Umwelt steht. Jedes Kind ist schon im Moment seiner Geburt ein besonderes Kind. Wenn es mit bestimmten Fähigkeiten, mit einzigartigem Temperament und individuellem Ausdruck „zur Welt kommt", können wir sagen: All dies ist angeboren. Was wir jedoch nicht wissen, ist, was davon genetisch festgelegt und was davon in den ersten neun Monaten seines Lebens im Kontakt mit seiner Umwelt erworben wurde.

Das Kind lebte im Mutterleib neun Monate in ständigem Kontakt, es hat eine Fülle von Erfahrungen gemacht. Ein wesentliches Element dieser Erfahrung war, dass es nie allein war. Es hat sich selbst gespürt, und gleichzeitig hat es wahrgenommen, dass der Körper seiner Mutter nicht sein eigener ist. *Ich fühle, also bin ich*, könnte die Beschreibung seiner ersten Daseinsform sein. Und gleichzeitig: *Ich fühle dich, also bin ich.*

Vollständig neuartig ist die Erfahrung nach der Geburt: *Es gibt Momente, in denen ich allein bin. Da ist niemand!* Auch auf diese neue Situation ist das Kind bestens vorbereitet: Es schreit so laut und auf eine solche Weise, dass dies sofort bei allen in der Nähe befindlichen Menschen eine Reaktion des Sich-Zuwendens auslöst. Und im Lauf der nächsten Zeit macht es immer wieder die Erfahrung, dass es gehalten, genährt, getröstet wird. Erinnerungen an paradiesische Momente der intrauterinen Verbundenheit klingen an. Mit all den ihm zur Verfügung stehenden Mitteln arbeitet das Kind daran, möglichst häufig dieses bekannte lustvolle Erleben von Gemeinschaft herzustellen. Vernetzungen und Verschaltungen im Gehirn entstehen, gleichzeitig werden Hormone ausgeschüttet (z. B. Oxytocin), die Momente gelungenen Kontakts tief im Gehirn verankern und den Wunsch nach Mehr wecken. Und das Kind erfährt sich selbst von Anfang an als etwas Eigenes. Für den Rest des Lebens wird es versuchen, die Balance zu finden zwischen dem Sich-Auflösen im Kontakt und dem Sich-Abgrenzen, um eigene Wünsche und Ziele zu verwirklichen.

Kommunikation zwecks Kooperation

Die Fähigkeit, mit der Umwelt im Kontakt zu sein, ist intrauterin angelegt und wird in den ersten neun Monaten geübt. Mit seiner „kommunikativen Erstaustattung" kann das Kind seine Umwelt dazu bringen, es zu versorgen und in den meisten Fällen auch seine Bedürfnisse gern und mit Liebe zu erfüllen. Dabei erfährt es, dass Gemeinsamkeit Freude macht. Diese Art der Freude am Kontakt ist – neben dem Wunsch nach Befriedigung der eigenen basalen Bedürfnisse – eine wichtige Motivation für das kindliche Handeln und für seine Entwicklung.

„Mir geht's nicht so gut"

„Langsam wird es besser"

Säuglingsforscher (Papoušek 2004, Largo 2007, Stern 1993, Haug-Schnabel/Bensel 2005) haben beschrieben, wie gut ein Baby schon von Anfang an in der Lage ist, seine Umwelt zu beobachten und darauf zu reagieren. Ein waches, aufmerksames Baby schaut dem Gegenüber in die Augen, es ahmt seine Grimassen nach, es reagiert mit Interesse auf die menschliche Stimme. Anscheinend ist für ein Baby nichts spannender, als andere Menschen zu beobachten und mit ihnen in Kontakt zu treten. Dieses Interesse und sein Aussehen („Kindchenschema") verlocken Menschen aus dem Umfeld dazu, sich ihm gern zuzuwenden. Ein Baby kann mit hoher Wahrscheinlichkeit die Erfahrung machen: Kontakt mit anderen Menschen macht mir und ihnen Freude. Die Erfahrung dieser Freude an der Kommunikation ist einer der wesentlichen Lerneffekte der ersten Zeit.

Jedes Lebewesen sucht zeitlebens Freude, Angenehmes, Wohlbefinden und versucht, Unangenehmes, Schmerz und Angst zu vermeiden. Das Menschenbaby lernt von Beginn an: Es macht Freude, im Kontakt zu sein. Und wenn ich mich unwohl fühle und mein Unbehagen nicht selbst ändern kann, sind es die Großen, die mir helfen, damit es wieder gut wird.

Es kommt noch eine zu diesem Zeitpunkt überraschende Kompetenz hinzu. Der Anthropologe Michael Tomasello belegt in zahlreichen Untersuchungen (vgl. 2009), dass schon sehr kleine Kinder mit ihren Fähigkeiten zur Kommunikation nicht nur für sich selbst nützliche Ziele verfolgen, sondern schon sehr früh Freude an der Gemeinsamkeit, also ein soziales Interesse zeigen.

Er beobachtete und analysierte unter anderem die Zeige-Gesten von Kindern im Alter von zwölf bis 13 Monaten und beschreibt, dass sie drei Klassen sozialer Intentionen zeigen.

1. *Gefühle mit anderen teilen*: Das Kind zeigt auf einen Gegenstand, der es emotional interessiert; es zeigt sich zufrieden, wenn die erwachsene Person ihre Aufmerksamkeit ebenfalls dorthin richtet, die passende Emotion zeigt und gleichzeitig mit dem Kind im Kontakt ist.

2. *Andere informieren* über für diese nützlichen Fakten: Das Kind weist auf einen Gegenstand, den der Erwachsene sucht und selbst nicht entdecken kann. Es freut sich, wenn seine Hilfe erfolgreich ist.

3. *Andere auffordern*, damit sie dem Kind beim Erreichen seiner Ziele behilflich sind: Es zeigt auf einen Gegenstand mit der Absicht, den Erwachsenen als „soziales Werkzeug" zu nutzen, um in den Besitz des Gegenstandes zu gelangen. Das scheint zunächst ausschließlich seinen eigenen Bedürfnissen zu dienen. Tomasello beobachtet aber auch in einem Teil dieser Gesten eine soziale Komponente, indem das Kind bevorzugt auf Gegenstände zeigt, die vorher gemeinsam als schön und interessant erlebt wurden.

Diesen Untersuchungen zufolge ist ein Kind also schon sehr früh daran interessiert und in der Lage, die Wünsche und Ziele einer anderen Person zu erfassen und zu berücksichtigen. Die Wahrscheinlichkeit, dass ein Kind erfolgreich ist, erhöht sich, wenn es Gegenstände wählt, die auch für den Erwachsenen von Interesse sind. Erstaunliche Beobachtungen kooperativen Verhaltens gibt es auch bei Dreijährigen. Beim Vergleich der Kooperationsformen von Primaten und kleinen Kindern fand Tomasello heraus, dass Primaten durchaus kooperieren, um Ziele zu erreichen, z.B. ein größeres Tier zu erjagen. Allerdings: Sobald das Ziel erreicht ist, greift sich jeder, was er erwischen kann bzw. was ihm nach der Rangordnung zusteht. Menschenkinder arbeiten ebenfalls zusammen, um z. B. zu Süßigkeiten zu gelangen – und dann wird geteilt! Menschenkinder wissen recht früh, dass die Wahrscheinlichkeit steigt, den anderen auch in Zukunft als Kooperationspartner zu gewinnen, wenn beide zufrieden sind. (Tomasello 2010). Menschenkinder stärken auf diese Weise ihr Kohärenzgefühl.

Die Fähigkeit zu kooperativer Kommunikation und die Freude daran scheint einer der Gründe erfolgreichen menschlichen Handelns zu sein. Wir werden später darauf zurückkommen, was diese Forschungsergebnisse für unseren Umgang mit Kindern bedeuten könnten.

Gefühle und Fakten werden gleichzeitig gelernt

Schon im Mutterleib hat das Kind begonnen, eigene Erfahrungen zu machen und zu lernen. Fortan verknüpft es seine leibhaftigen Erfahrungen mit den schon vorhandenen Strukturen in seinem Gehirn und wird bis zum Ende seines Lebens damit fortfahren.

Was heißt eigentlich Lernen? Wann beginnt es? Wie funktioniert Lernen?

Eine erste Annäherung: Lernen passiert immer – ob wir wollen oder nicht! Das Gehirn als zentrales Organ registriert alles. Lernen heißt, das Kind lernt etwas hinzu zu dem, was er schon macht und kann. Es lernt laufen, trinken, später essen, seine Finger, Hände und Arme immer besser einzusetzen; es lernt immer besser sehen, hören, seine Mundbewegungen zu koordinieren, bis aus seinem Lallen auch für Erwachsene verständliche Worte werden. Meistens benutzen wir in dieser Zeit den Begriff Entwicklung („Das Kind entwickelt sich"), und wir berücksichtigen dabei, dass ein genetisches Programm diesen Prozess stark antreibt. Und doch: Wie ganz genau sich ein Kind entwickelt, ist das Ergebnis seiner Auseinandersetzung mit dem kompletten Umfeld, den Menschen – wie diese mit ihm umgehen, es anregen, es bremsen –, den Gegenständen, den Räumen und den damit verbundenen Reizen, Merkmalen, Informationen. Das Kind macht seine Wahrnehmungen und seine Erfahrungen. Dies ist seine aktive Leistung, seine selbsttätige Aneignung, sein aktiver Prozess der Auseinandersetzung mit der Umwelt. „Ein Kind entwickelt sich", heißt: Es lernt. Es verknüpft ständig neue Erfahrungen mit seinen schon vorhandenen neuronalen Strukturen.

Lernen heißt dabei in jeder Lebensphase etwas anderes: In den ersten Wochen, Monaten und Jahren gilt es, den eigenen Körper kennenzulernen und zu beherrschen, herauszufinden, wie die Menschen in meiner Umgebung funktionieren; bald darüber hinaus soziale Kontakte zu entwickeln, kognitive Fähigkeiten auszuweiten, Zusammenhänge herzustellen, kreativ zu sein. Und schließlich nennen wir „Lernen": die Herausforderungen des Spracherwerbs, das Zählen und Rechnen, das Lesen und Schreiben …

Zentral für alles Entwickeln und Lernen ist das Gehirn, das nach neueren Forschungen stärker auch als emotionales und soziales Organ gesehen wird (Hüther 2001). Es nimmt nicht nur einfach wahr, es lernt nicht nur Fakten, sondern es ist immer (!) auch darauf ausgerichtet, eine emotionale Bewertung des Gelernten mitzulernen. *Wenn ich hungrig bin und trinken kann, ist das gut. Wenn ich gleichzeitig spüre, dass Mama die Mahlzeit auch genießt, fühle ich, dass Essen etwas Gemeinsames ist. Es ist nicht nur die warme Milch, die den Körper wärmt, Mamas Freude nährt die Seele.*

Das Kind liest in den Augen seiner Eltern, die mit ihm schäkern, die Botschaft: „Ich bin eine Freude!" Es spürt die Liebe in den Händen, die es halten, tragen, wickeln, und daraus entwickelt es ein lebenswichtiges Gefühl, nämlich Vertrauen.

Wenn es dann seine kleinen und großen Entwicklungsschritte macht, die seiner altersgemäßen Reife entsprechend stattfinden, lernt es nebenbei durch die Begeisterung der Erwachsenen an seinen neuerworbenen Fähigkeiten, dass sein Wachsen und Lernen den Erwachsenen Freude machen – und fühlt sich bestätigt in seiner eigenen Freude am Entdecken. Und wenn das lange Schreien in der Nacht den Erwachsenen nicht gefällt, das Aufwachen in diesem Augenblick gar nicht passt, lernt es auch deren Unwillen kennen.

Das Kind lernt, wie gesagt, den doppelten emotionalen Gehalt, der mit einer Situation verbunden sein kann, gleich mit, den Ärger, Unwillen oder die Freude des Erwachsenen – „Vorsicht, pass auf!" „Oh, toll!" – ebenso wie seine eigene Empfindung, die durchaus von der von Mutter oder Vater abweichen kann. *Das Gemüse schmeckt mir überhaupt nicht. Ich bin noch so wach und will nicht schlafen. Kämmen tut weh.*

Resilienz: das seelische Immunsystem

Wenn wir die Biographien erwachsener, unglücklicher Menschen betrachten, finden wir gehäuft in deren Kindheit schwere Belastungen: Trennungen jeder Art, den frühen Tod eines Elternteils, körperliche Krankheiten, materielle Not. Allerdings finden wir auch in den Biographien von durchaus zufriedenen, glücklichen, erfolgreichen Erwachsenen häufig schwere Belastungen im Lebenslauf.

Was ist das Geheimnis der seelischen Abwehrkräfte, die manche Menschen auch an großen Problemen eher stärker werden lassen? Schon 1955 begann Emmy Werner eine Längsschnittstudie auf der Insel Hawaii, die alle Kinder dieses Geburtsjahrgangs über 40 Jahre lang begleitete. Bei etwa 30 Prozent dieser Kinder wurde zum Zeitpunkt ihres zweiten Geburtstags ein hohes Entwicklungsrisiko festgestellt (Armut, psychische Erkrankung der Eltern, Geburtskomplikationen, schwierige Familien). Zwei Drittel dieser Risikokinder zeigten als Jugendliche und Erwachsene tatsächlich Entwicklungsstörungen (kriminelles Verhalten, frühe Schwangerschaften etc.), die übrigen entwickelten sich jedoch zu gesunden, leistungsfähigen, selbstsicheren Erwachsenen. Emmy Werner und weitere Forscherinnen suchten deshalb nach Eigenschaften und Umständen, die für diese Kinder als Schutzfaktoren wirkten (Werner 1971).

Zu den Schutzfaktoren gegen Lebenskrisen gehören

- *Humor, Fantasie, Kreativität;*
- *Entschlossenheit, Aufrichtigkeit, Mut;*
- *Akzeptieren von Krisen;*
- *Beziehungsfähigkeit;*
- *Ausdauer;*
- *Unabhängigkeit, Eigenständigkeit;*
- *Anpassungsbereitschaft, Balance und Flexibilität;*
- *die Fähigkeit, verschiedene Perspektiven einnehmen zu können;*
- *Intelligenz und ein ansprechendes Äußeres.*

Einige dieser Faktoren sind schon sichtbar, wenn ein Kind zur Welt kommt; sie sind wie Geschenke, die einem Kind in die Wiege gelegt werden. In Langzeitstudien konnte gezeigt werden, dass die freundliche, warmherzige Zuwendung durch Menschen in ihrem nahen Umfeld die seelische Widerstandskraft eines Drittels der Untersuchten stärkte. Das waren die Eltern, die Großeltern, ältere Geschwister, Onkel, Tante oder immer wieder auch Erzieherinnen und Lehrer, die an einem Kind interessiert waren, an seine Fähigkeiten glaubten und in ihm Hoffnung weckten.

Wir können schon so viel miteinander machen

Die Entwicklung des Kohärenzgefühls, also die eher zuversichtliche Lebenseinstellung und das Vertrauen darauf, dass Erfahrungen mit sich selber und mit dem Umfeld verlässlich sind, kann sich im Licht dieser Studien auf mitgebrachte persönliche Merkmale und auf ein zumindest ausreichendes Maß an wohlwollender Zuwendung stützen.

Die Fähigkeit und der Wille, das Leben selbst in die Hand zu nehmen, Schwierigkeiten anzupacken und zu überwinden, können wachsen, wenn sich das Kind eine bessere Zukunft vorstellen kann. So wurde beobachtet, dass die Resilienz von Flüchtlingskindern positiv beeinflusst wurde, wenn ihnen die Eltern Geschichten vorlasen. „Man muss Geschichten kennen, die von geheimen Schätzen erzählen. Ohne Geschichten von Perlen und Schätzen gibt es keine Vermutungen. Wer nichts vermutet, findet nichts.", sagt Fulbert Steffensky.

Nicht nur als intellektuelle Anregung, sondern viel eher noch als Stärkung des seelischen Immunsystems bekommt die Zuwendung der Erzieherin oder der Tagesmutter, später auch der Lehrkraft eine bedeutende kompensatorische Rolle für Kinder, die in schwierigeren Verhältnissen aufwachsen.

Zusammenfassung

Unsere Aufgabe ist es, Kindern im Zusammenleben von Anfang an Erfahrungen zu schenken, die es ihnen ermöglichen, ihre Lebens- und Entwicklungsaufgaben jetzt und in der Zukunft zu bewältigen.

Ein Baby kommt mit einer kommunikativen Erstausstattung zur Welt, die es ihm ermöglicht, seine Erwachsenen dazu zu bringen, es materiell und emotional zu versorgen.

Alles, was das Kind lernt, erfährt eine emotionale Färbung.

Kinder sind daran interessiert, konstruktiv zu kommunizieren. Sie lieben es, Erfahrungen zu teilen, und sie „wissen" schon sehr früh, dass ihr eigener Erfolg dann auf Dauer gesichert ist, wenn alle Beteiligten zufrieden sind.

Kinder brauchen heute und für ihre Zukunft Menschen, die ihnen ein positives Lebensgefühl geben, die ihre Stärken und Fähigkeiten sehen, die ihnen die Hoffnung auf eine Lösung vermitteln und ihnen ermöglichen, ihre Selbstwirksamkeit zu entdecken.

Im lebendigen Kontakt mit körperlich, geistig und emotional präsenten Menschen bildet das Kind die wichtigsten Fähigkeiten zur Bewältigung seiner Zukunft aus.

Gut verbunden von Anfang an

Wir alle haben unser Glücksvermögen
in der Kindheit erworben.
WOLFGANG BERGMANN

Mit einer Kindheit voller Liebe
kann man ein halbes Leben hindurch
die kalte Welt aushalten.
JEAN PAUL

Die Erfahrungen eines Kindes in den ersten drei Jahren sind der bewussten Erinnerung zwar im Wesentlichen nicht zugänglich, haben aber einen tiefgreifenden Einfluss auf die Befindlichkeit im späteren Leben. Besonders die Aspekte Vertrauen, Optimismus, Gestaltungsfreude und Glücksfähigkeit scheinen von frühen Erfahrungen geprägt zu werden. Es bildet sich eine Grundmelodie, die im

Sicherheit auf Mamas Arm

klingt. Diese Melodie kann in Dur oder Moll gehalten sein, eher tänzerisch oder getragen klingen, dissonant oder harmonisch.

Das kleine Kind lernt im Kontakt mit seinen Großen, wer es ist, ob es erfolgversprechend ist, in schwierigen Situationen vertrauensvoll um Hilfe zu bitten. Diese Erfahrungen sind zunächst körperlich-sinnlicher Art. Gut und mit Freude versorgt zu werden, von Erwachsenen mit liebevollen Händen, freundlichem Gesicht und weicher Stimme Hilfe zu bekommen für seine dringendsten körperlichen Bedürfnisse und bei der Regulation seiner Gefühle: Das ist nachhaltige Nahrung für das Kind, die es ein Leben lang stärken kann. Es macht nicht nur aktuell angenehme Erfahrungen, sondern es lernt, dass es dazugehört und dass Hilfe möglich ist. Der Grundstein für ein gutes Kohärenzgefühl wird gelegt.

Diese Entwicklung nimmt ihren Anfang in der Zeit vor der Geburt, setzt sich in der Bondingerfahrung fort und wird dann in den ersten Jahren zur Bindung.

Bonding, Beziehung, Bindung

Lauf der Zeit viele Variationen erfährt, neben der auch ganz neue Töne möglich sind, die aber gerade in Übergängen und Krisen immer wieder anklingt.

Diese drei Begriffe werden umgangssprachlich häufig synonym gebraucht. In der Fachliteratur sind sie jedoch klar abgegrenzt.

1. Bonding: eine gute Vorbedingung für die Bindungsentwicklung

Als „Bonding" wird die Phase der allerersten Kontaktaufnahme nach der Geburt bezeichnet. Der menschliche Säugling ist darauf angewiesen, dass zwischen ihm und seinen nahen Menschen eine feste Verbindung entsteht, die sicherstellt, dass er versorgt, genährt und mitgenommen wird. Er braucht eine seelische und geistige Nabelschnur, die möglichst fest in körperlichem Geschehen verankert ist. Mutter und Kind sind in den Minuten bis Stunden nach der Geburt physiologisch bereit für eine ganze Reihe verhaltensbiologischer Abläufe.

Die erste Person, mit der ein Kind Verbundenheit erlebt, ist zweifellos seine Mutter. In neun Monaten intrauterinen Lebens prägen sich ihre Stimme, ihre Sprache und ihr Körperrhythmus dem Baby fest ein. Das ist die Welt, wie der Säugling sie kennt, wenn er geboren wird. Er kennt nur diese eine, und er erwartet, dass sie weiterhin für ihn da ist. Gibt es nun direkt nach der Geburt ausreichend Zeit und Raum, damit Mutter und Kind einander ungestört berühren, riechen, hören und ansehen können, macht das Baby die Erfahrung von Kontinuität: Die Mutter, die es „kennt", ist identisch mit der, die es jetzt hält, die mit ihm spricht, die es an die Brust legt. Nach der Geburt ist das Baby in der Regel hellwach. Es öffnet die Augen, spürt die Berührung, sucht die Brust und trinkt. Aus dem selbstverständlichen Zusammensein während der ersten neun Monate seines Lebens ist ein aktiver Vorgang des Suchens und Findens geworden. In den nächsten Tagen und Wochen ist die Stimme seine wirksamste Möglichkeit, seine Leute zu rufen, wenn es das Gefühl hat, den Kontakt verloren zu haben. Davon macht es immer Gebrauch, wenn es Nähe, Wärme oder Essen benötigt oder sich aus anderen Gründen unwohl fühlt.

Nicht nur das Kind, auch die Mutter ist nach der Geburt besonders offen dafür, einen tiefen Kontakt zu ihrem Baby einzugehen. Auch bei ihr spielt der Körper die Hauptrolle. Ihr Baby zu sehen, zu hören, zu riechen und vor allem: es auf der Haut zu spüren, verbindet sie tief mit ihrem Kleinen, auch wenn Geist und Seele manchmal einige Stunden bis Tage brauchen, um zu begreifen, was ihr geschehen ist.

Eine besonderer Rolle spielt dabei das Hormon Oxytocin. Es hat in den Stunden der Geburt für Wehen gesorgt, es fördert die Abgabe der Milch, es reduziert Angst und Stress und fördert fürsorgliches Verhalten. Nach der Geburt baden Mutter und Kind förmlich in Wolken von Oxytocin, das auch das „Hormon der Liebe" genannt wird (Odent 2001).

Ein gelungenes Bonding erleichtert Mutter und Kind die körperliche und seelische Anpassung an die für beide gleichermaßen völlig neuartigen und verwirrenden Lebensverhältnisse. Es schafft gute Voraussetzungen für eine funktionierende Stillbeziehung, für die Fähigkeit der Mutter, die kindlichen Signale zu verstehen und für die Bereitschaft, darauf prompt und passend zu antworten. Stressfaktoren bei Mutter und Kind werden deutlich und nachhaltig reduziert. Wenn aus irgendeinem Grund das Bonding nicht stattfinden kann, z.B. weil Mutter und Kind nach der Geburt getrennt wurden, müssen beide ungleich mehr Anstrengungen unternehmen, um ein gutes Team zu werden.

2. Beziehung

Alle emotional gefärbten Kontakte zwischen einem Menschen und der belebten und unbelebten Umwelt sind Beziehungen. Für die Entstehung von Gesundheit (➜ S. 14 ff.) braucht ein Mensch das Gefühl von Kohärenz, von Verbundenheit. Beziehungen unterscheiden sich in Hinsicht auf Nähe oder Distanz, auf Wärme oder Kälte, auf die Aspekte fürsorglich-freundlich oder feindselig. Das kleine Kind geht punktuell Beziehungen zu anderen Menschen ein: zur Nachbarin, zur Freundin der Mutter, zu ande-

Jede Hebamme, jedes geburtshilfliche Team kann etwas dazu beitragen, das Bonding zu fördern. Es sollte ständig hinterfragt werden, ob und wie die Abläufe rund um die Geburt weiter verbessert werden können, damit diese überaus sensible Phase unterstützt wird und jede neugeborene Familie darauf vertrauen kann, die notwenige Ruhe und Ungestörtheit zu bekommen.

Wenn Mutter und Kind getrennt werden mussten, kann es später heilsam sein, ausgedehnte Kuschelzeiten zu zelebrieren. „Heilige Stunden", Haut an Haut, Herz an Herz, alle Gefühle von Verlust, Trauer und Schmerz über die Trennung und von Erleichterung und Freude über den doch glücklichen Ausgang zulassen: So kann die zerrissene Beziehung wieder hergestellt werden.

Auch eine zarte Massage hilft, Verstörung zu heilen (➔ S. 94).

Wenn in der Anamnese eine Trennung nach der Geburt benannt wird, sollten Fachleute die Mutter oder die Eltern zunächst fragen: „Wie haben Sie und Ihr Kind das bewältigt?" Möglicherweise hat diese Familie ihre ganz eigenen Strategien gefunden, um damit umzugehen, und Fachleute sollten in dem Wissen darum, dass eine Beziehung dadurch belastet sein kann, im individuellen Fall zunächst genau hinschauen, ob in diesem besonderen Fall – und jede Familie ist besonders! – tatsächlich eine negative Wirkung eingetreten ist. Den Gedanken der Salutogenese folgend, können wir auch für möglich halten, dass diese Belastungen gut bewältigt wurden. Eine Festschreibung in dem Sinne: „Dann haben die Beiden sicher einen bleibenden Schaden davongetragen", ist nicht förderlich für eine gute Entwicklung!

ren Kleinkindern und auch zur Katze der Großmutter und zur Pusteblume. Es nimmt Kontakt auf, es freut sich, wenn es sie wiedersieht, ist betrübt, wenn es sich von ihnen trennt. Solche Beziehungen sind zwar durchaus wichtig, jedoch keine Bindungen im eigentlichen Sinne.

3. Bindung

Der Fachbegriff Bindung bezeichnet eine besondere Art der hierarchischen Beziehung zwischen einem Kind und einer bevorzugten, von anderen unterschiedenen Person, die als größer, stärker, weiser und wohlwollend empfunden wird. In diesem Sinne ist „Bindung" kein Verhalten, das punktuell und nebenbei zu beobachten ist, oder gar eine Eigenschaft des Kindes, sondern ein im Lauf der ersten zwei Jahre sich stetig festigendes Verhaltensmuster. Genauer: Im Lauf der Entwicklung baut ein Kind mit unterschiedlichen Menschen verschiedene Bindungs-Qualitäten auf. Es entwickelt Strategien, die dann zum Einsatz kommen, wenn das Kind verunsichert ist.

Die Bindungstheorie stammt ursprünglich aus dem Arbeitsbereich der Psychotherapie. Dort leistet sie seit ca. 1960 (Bowlby, Ainsworth) wertvolle Dienste für die Diagnostik und die Therapie früher seelischer Störungen (Hédervári-Heller 2011). In der Frühpädagogik kann sie als Grundlage sein bei der Entwicklung von Angeboten für Eltern und Kinder dienen, die die seelische Widerstandskraft gegenüber Gefahren und Belastungen stärken und damit Gesundheit fördern im Sinne der Salutogenese. Die Fähigkeit, sich mit anderen verbunden zu fühlen (Kohärenz) und so mit größerer Wahrscheinlichkeit ein gesundes, glückliches und kreatives Leben zu führen, entwickelt sich auf der Basis der Bindungserfahrungen, die ein Kind zu Beginn seines Lebens macht.

Bindung: Neugier und Rückversicherung

Zwischen Unbehagen (oben) und Neugier liegen manchmal nur Nuancen

Die Bindungstheorie beschreibt, wie ein Kind von Anfang an und der Mensch dann lebenslang die Balance sucht zwischen dem Gefühl, sicher zu sein und dem Wunsch nach Herausforderungen. Gern wird dafür das Bild einer Waage verwendet (Ziegenhain, Fries u. a. 2004). Befindet sich der Mensch – das gilt gleichermaßen für Kleine und Große – auf der Seite der Sicherheit erwacht die Neugier. Er beginnt, die Welt zu erkunden. In anderen Situationen wird er ohne sein Zutun vor Herausforderungen gestellt: Ein Kind bekommt Hunger, oder es taucht eine fremde Person auf; ein Erwachsener sitzt im eingeschneiten Zug fest oder wird mit einer Erkrankung konfrontiert. Überschreiten Kinder oder Erwachsene dabei mutwillig ihre Grenzen oder ist die Herausforderung zu groß, treten Gefühle von Stress, Angst oder Schmerz auf, die Waage neigt sich auf diese Seite. Kann das Kind die Situation nicht selbst bewältigen, sucht es Nähe, Trost und Hilfe. Im günstigen Fall ist da ein vertrauter Mensch, der Nähe und Trost spendet: Die Waage wird beladen auf der Seite der Sicherheit und kommt wieder ins Gleichgewicht. Allerdings: Zu viel Sicherheit weckt

Die Frage an die Pädagogik in der Praxis lautet also nicht: Welches Bindungsmuster hat das Kind, sondern: Wie kann ich als Hebamme, Erzieherin, Frühförderin, Pädagogin in der Elternbildung Eltern und Kind dabei unterstützen, miteinander und mit anderen vertrauten Personen möglichst viele sichere Bindungserfahrungen zu machen, die sich im Lauf der Zeit zu nützlichen inneren Arbeitsmodellen ausbilden können.

rasch das Bedürfnis nach Neuem, die Suche nach neuen Abenteuern beginnt.

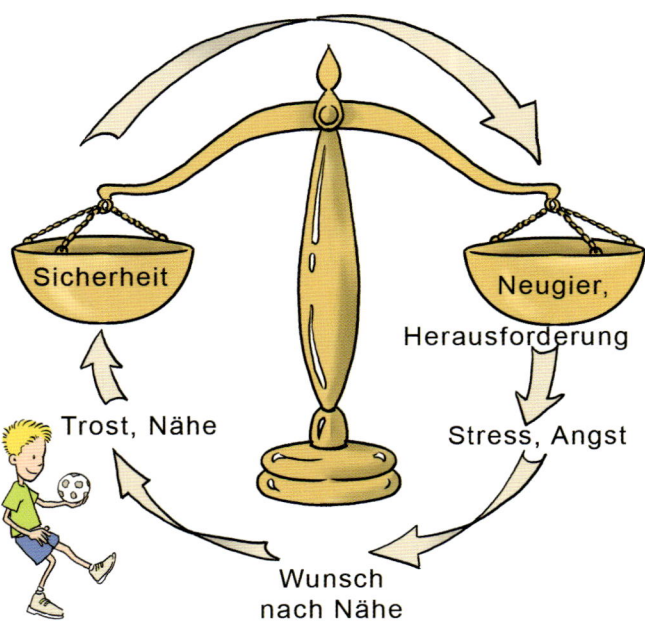

Von Beginn seines Lebens an durchläuft ein Kind diesen Zyklus von Suche nach Abenteuer und Suche nach Trost viele, viele Male. Das Baby erlebt, wie der Hunger in seinem Inneren erwacht, es hat subjektiv das überwältigende Gefühl, dass sein Leben gefährdet ist, wenn es ihm nicht gelingt, Hilfe zu holen. Es schreit! Mama kommt, das Kind beruhigt sich, es wird gestillt. Es ist müde und quengelt. Papa weiß, dass es jetzt Ruhe braucht, legt es ins Bett, brummelt ihm ein Lied vor. Das Kind schläft ein.

Zu Beginn des Lebens sind es neben äußeren Herausforderungen vor allem die noch neuen und beängstigenden Empfindungen des eigenen Körpers wie Hunger, Kälte und Müdigkeit, die das Kind Stress, Angst und Unwohlsein empfinden lassen. Später dann sucht es in zunehmendem Maße die Herausforderungen selbst und geht dabei über seine Grenzen. Wenn es ausreichend oft die Erfahrung macht, dass ein vertrauter Mensch da ist, der in der Lage und bereit ist, seine Gefühle wahrzunehmen und passend zu beantworten, hat es eine große Chance, ein an-

dauerndes Gefühl von Sicherheit, Verbundenheit und Selbstwertgefühl zu entwickeln.

Ein Beispiel: Mira (14 Monate alt) sitzt am Spielplatz zunächst auf dem Schoß ihrer Mutter und schaut sich um. Dann rutscht sie auf den Boden und erkundet ihre Umgebung. Sie läuft zum Sandkasten und ist eine Weile damit beschäftigt, die anderen Kinder zu beobachten. Dann sucht sie den Kontakt zu ihrer Mutter. Sie sieht sie nicht sofort, bekommt Angst. Ihre Bewegungen werden unsicher, sie fällt hin. Nun kommt zu dem Moment der Unsicherheit auch noch der Schreck hinzu: Sie beginnt zu weinen. Mama kommt, bietet Trost an, Mira kuschelt sich kurz an. Kaum ist ihr Sicherheitsgefühl wieder hergestellt, wendet sie sich von Mama ab und beginnt, im Sand zu spielen.

Neues lernen, freudig die Welt entdecken, nach kreativen Lösungen suchen: All das geht nur, wenn sich der kleine oder große Mensch ausreichend sicher fühlt. Unter Angst und Stress ist das nicht möglich.

Manchmal stellt aber auch der Erwachsene das Kind vor Herausforderungen. Wickeln, Waschen, Pflegen, An- und Ausziehen sind im Erleben des Kindes alltägliche Zumutungen. Hier entscheiden ganz klar die Erwachsenen, was zu geschehen hat. Für das Kind sind diese Aktionen und andere unbeliebte Vorgänge leichter erträglich, wenn die Großen der festen Überzeugung sind, dass es richtig ist, was sie tun, und sie gleichzeitig dem Kind ihr Mitgefühl vermitteln: „Ich weiß, dass du das nicht magst. Ich tu es trotzdem. Ich tue es so, dass es dich möglichst wenig beeinträchtigt. Das schaffen wir gemeinsam!" (➔ S. 88 ff.)

Die Bindungstheorie beschreibt besonders für die frühe Kindheit, wie sich im Kontakt mit seinen nahen Personen verschiedene Strategien bilden, mit denen ein Kind die Balance zwischen Sicherheits- und Erkundungsbedürfnissen findet. Diese Muster werden im Lauf des Lebens immer wieder überarbeitet, sie bilden ein Grundmodell für die Art, wie ein Mensch Beziehungen erlebt und gestaltet und mit welchen Strategien er Krisen bewältigt.

Die Entwicklung der Bindung in den ersten drei Jahren

0–3 Monate: *Das Kind kennt und bevorzugt die Mutter, vor allem ihren Geruch und ihre Stimme, lässt sich aber von anderen Personen versorgen und beruhigen.*

3–6 Monate: *Das Kind sucht den Kontakt bevorzugt zu ihm bekannten Personen, lässt sich aber meistens weiterhin auch von anderen Personen versorgen.*

6–9 Monate: *Der Säugling macht zunehmend deutliche Unterschiede zwischen vertrauten Personen und Fremden. Manche Kinder beginnen zu fremdeln und möchten z. B. von bestimmten Personen ins Bett gebracht werden.*

8–12 Monate: *Das Kind unterscheidet nun klar zwischen Fremden und Bekannten. Neben die Hauptbindungsperson, meistens die Mutter, tritt die Bindung an weitere vertraute Personen. Die Beziehungen werden unterschieden je nach gemeinsamen Tätigkeiten. Mit Papa baden, von Mama ins Bett gebracht werden, mit Opa spazieren gehen, mit Oma singen …*

12–24 Monate: *Die wachsende emotionale Sicherheit ermöglicht es dem Kind, neugierig seine Welt zu entdecken.*

Zweites und drittes Lebensjahr: *Die „inneren Arbeitsmodelle" festigen sich. Das kleine Kind ist sich sicher, dass seine primären Bindungspersonen wieder auftauchen, auch wenn es sie gerade oder für ein paar Stunden nicht sieht.*

Die Entwicklung von Bindungsstrategien

Alle Kinder haben ein Bindungsbedürfnis und bauen Bindungsbeziehungen auf, selbst wenn sich die Bezugspersonen unzulänglich oder gar gewalttätig verhalten. Das Verhalten der nahen Bezugspersonen, besonders ihre Fähigkeit, die Bedürfnisse des Babys nach Nahrung, Sauberkeit und Wärme, nach Kontakt und Geborgenheit, Ruhe und Anregung zu erkennen und zeitnah und passend zu beantworten, führt zur Ausprägung eines beobachtbaren Bindungsmusters beim Kind, das etwa ab dem Ende des ersten Lebensjahres sichtbar wird. Feinfühliges, emotional zuverlässiges und voraussagbares Verhalten begünstigt die Entstehung sogenannter sicherer Bindungsmuster.

Das Bindungssystem wird ausgelöst in Situationen von Angst und Verunsicherung. Dann zeigen sich unterschiedliche Muster, mit denen der angstauslösenden Situation begegnet wird. Es handelt sich dabei um innere Arbeitsmodelle, mit denen ein Kind Situationen von Angst und Unsicherheit bewältigt. Diese sind zunächst zu sehen als eine passende Reaktion des Kindes auf das Verhalten seiner vertrauten Personen.

Ein *sicheres* Bindungsmuster, das dem Kind erlaubt, seine Gefühle zu erkennen und Nähe, Hilfe und Trost bei anderen Menschen zu suchen, ist ein wichtiger Schutzfaktor für seine seelische, geistige und körperliche Entwicklung und für seine Gesundheit (→ S. 16 ff.).

Ein *unsicher-vermeidendes* Bindungsmuster ist eine gesunde Strategie für das Leben mit den Eltern, wie sie sich nun mal verhalten. Allerdings ist es ungleich anstrengender, wenn ein Mensch meint, er müsse doch letztlich alles allein bewältigen. Damit verknüpft sich auch die Frage des Selbstwertgefühls: Bin ich es wert, dass man sich um mich kümmert?

Wechselhaftes, unvorhersehbares Verhalten der Bindungspersonen gibt dem Kind manchmal das, was es benötigt und dann wieder nicht. Das

Kind ist hin- und hergerissen zwischen Hoffnung und Zorn. *Unsicher-ambivalent* gebundene Kinder neigen dazu, Situationen zu kontrollieren: Lieber veranstalte ich einen Streit oder klammere mich an, dann weiß ich, wo ich dran bin, als dass ich mich der Frage ausliefere: Wird sich Mama um mich kümmern oder diesmal wieder nicht?

Diese drei Strategien sind als Varianten von normalem Bindungsverhalten zu betrachten, auch wenn sie unterschiedliche Risiken für die Entwicklung sozialer Beziehungen und eine dauerhafte emotionale Gesundheit beinhalten. Es gibt allerdings darüber hinaus einen hochunsicheren Bindungstyp, der als Folge bedrohlicher Interaktionserfahrungen entsteht: Eine *desorganisierte* Bindungsqualität verstrickt das Kind tief in nicht zu lösende Widersprüche. Die Person, auf deren Fürsorge es angewiesen ist und der es vertrauen muss, ist gleichzeitig die, deren Verhalten es zutiefst ängstigt. Häusliche Gewalt, Eltern im Drogen oder Alkoholrausch, Vernachlässigung und sexuelle Übergriffe können fatale Folgen für die seelische Gesundheit des kleinen Kindes haben.

Zur Beobachtung und Einordnung dieser unterschiedlichen Muster gibt es einen speziellen Test, die „Fremde Situation".

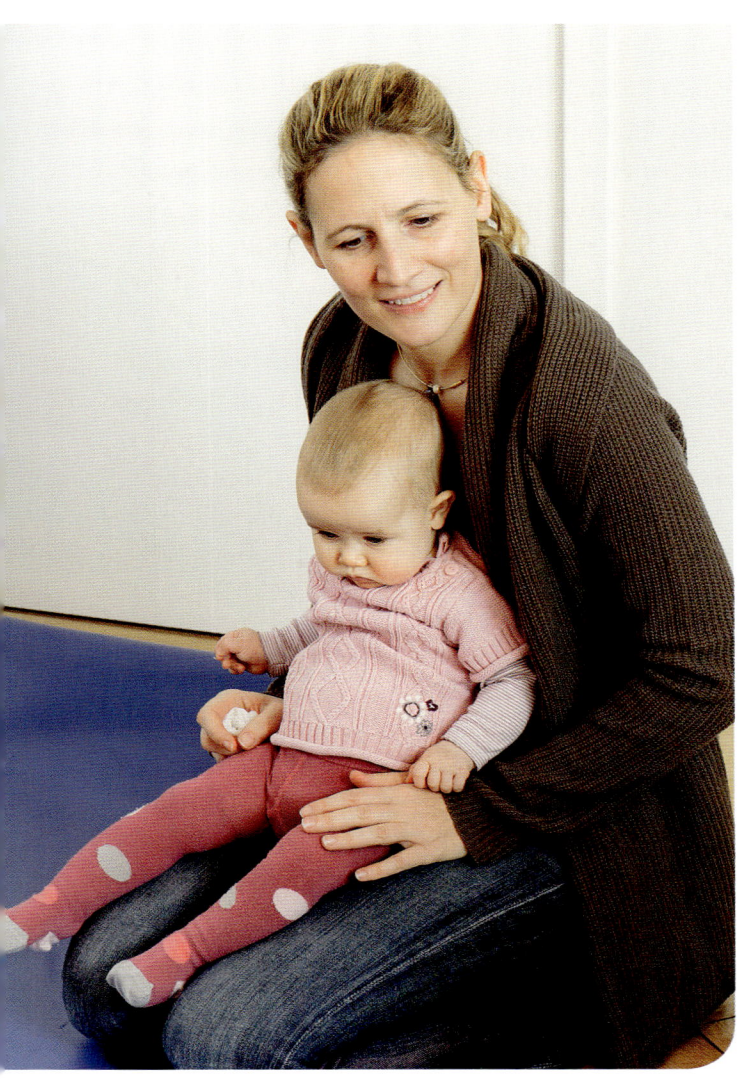

Auf Mamas Schoß Sicherheit getankt und ...

wieder beim Spielen

Es ist eine alltägliche Beobachtung, dass manche Kinder beim Abschied von vertrauten Personen und vor allem beim Wiedersehen weinen, z. B. morgens und nachmittags in der Kindertagesstätte. Man muss genau hinsehen, um zu erkennen, ob das Kind wirklich überfordert ist oder nur seine momentanen Gefühle zum Ausdruck bringt: *„Mama, das ist schade, dass du weggehst!"* und: *„Jetzt wo ich dich wiedersehe fällt mir ein, dass du ja weg warst und dass ich das eigentlich traurig finde."* Diese Verhaltensweisen lassen nicht unmittelbar einen Rückschluss auf sichere oder weniger sichere Bindung zu und auch nicht darauf, wie sich das Kind in der Zwischenzeit gefühlt hat. Wichtiger ist die Beobachtung, ob sich das Kind von der Erzieherin hat beruhigen lassen und sich nach der Rückkehr der Mutter von ihr trösten lässt.

Passung: Feinfühligkeit trifft Temperament

Bindungsmuster sind innere Arbeitsmodelle eines Menschen, mit denen er auf verunsichernde und schmerzhafte Situationen reagiert. Sie entstehen im Verlauf von Monaten in einem zirkulären Prozess zwischen der erwachsenen Person und dem Kind in einem konkreten Kontext. Das Temperament eines Kindes spielt dabei ebenso eine Rolle wie die Feinfühligkeit der Erwachsenen, mit der sie drauf reagieren. Auch die äußeren Gegebenheiten sind von Bedeutung. Man spricht von guter oder weniger guter Passung miteinander.

Von den Eltern wird gewünscht, dass sie „prompt und passend" reagieren. Das ist natürlich alters- und situationsabhängig zu definieren. Wenn ein Baby schreit, weil es Hunger hat, braucht es rasch etwas zu trinken, es kann noch nicht warten, und es kann sich nicht selbst helfen. Wenn ein 14-Jähriger ruft: „Mama, Durst!" und die Mutter aufspringt, zum Kühlschrank eilt, um ihm eine Flasche Cola zu holen, dann wäre das zwar prompt, aber nicht mehr passend. Der Begriff der *elterlichen Feinfühligkeit* beschreibt das beobachtbare Verhalten von Erwachsenen in Bezug auf dieses Kind in diesem Moment und nicht etwa eine Persönlichkeitseigenschaft.

Eine Schuldzuweisung an Eltern, weil sie sich nach Ansicht anderer zu wenig feinfühlig verhalten, ist wenig nützlich. Manche Eltern-Kind-Konstellationen und manche Lebenssituationen sind für beide Teile nicht leicht zu bewältigen. Unter anderen Umständen und mit einem robusteren Baby wäre diese Frau vielleicht sicherer als Mutter, wäre dieser Mann vielleicht ein besserer Vater. Wenn sie könnten, würden sich die Eltern wahrscheinlich passender verhalten! Wenn zu befürchten ist, dass das kleine Kind dadurch allzu sehr belastet und vielleicht sogar in seiner Entwicklung eingeschränkt wird, hilft eine professionelle Eltern-Kind-Beratung.

Bindungspersonen, eine sichere Basis

Es ist die gemeinsame Aufgabe von Eltern und Erzieherinnen, dem Kind ein ausreichendes Maß an Erfahrungen zu ermöglichen, die dabei helfen, tragfähige Bindungsmuster aufzubauen. Eine Bindungsperson sollte größer, stärker, weiser, achtsam und wohlwollend sein.

Die Anforderungen an die Erwachsenen erscheinen dabei hoch. Wie so oft in der Erziehung von Kindern geht es darum, ihnen im alltäglichen Miteinander-Sein eine lebendige, echte und verlässliche Beziehung zu bieten. Nichts ist leichter: Das Baby nimmt seine Erwachsenen so, wie sie sind, ohne zu werten, ohne zu urteilen. Und es ist sehr daran interessiert und tut alles, was ihm möglich ist, dafür, dass es funktioniert. Aber kaum etwas ist auch schwerer: Das Leben mit einem Baby ist eine andauernde Übung in Achtsamkeit, Aufrichtigkeit und Geduld. Das Baby steht in starker Konkurrenz mit all den anderen Reizen und Aufgaben, die unsere Aufmerksamkeit fordern.

Darüber hinaus aktiviert das Zusammensein mit einem Baby Gefühle, die aus einer Zeit stammen, als die heute erwachsene Person selbst noch klein und abhängig war. Diese können bewusst oder unbewusst sein und sie können sich sowohl schmerzhaft und störend bemerkbar machen als auch positiv anrühren und das Einfühlungsvermögen stärken.

Kreis der Sicherheit

In dem Modell „Kreis der Sicherheit" wird der Prozess der Bindungserfahrung leicht nachvollziehbar dargestellt.

Da ist jemand, der mir hilft, wenn ich es brauche

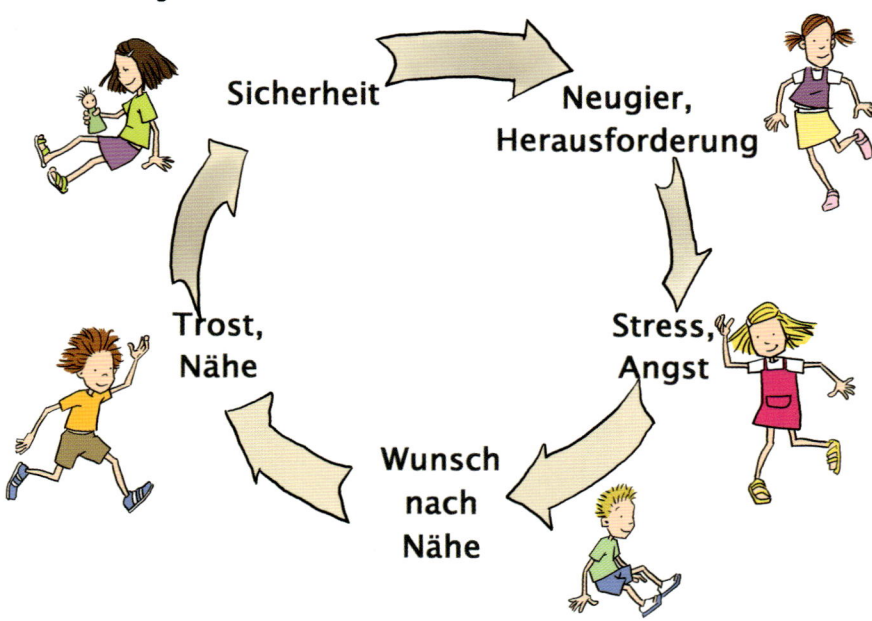

Kann das Kind diesen Kreis oft genug durchlaufen, erfährt es: „Wenn ich in Not bin, ist jemand da", bekommt es die notwendige Sicherheit, um sich seinen jeweiligen Lebensaufgaben mit Energie und Kreativität zuzuwenden.

Das Kind würde seine Wünsche an die Bindungsperson vielleicht so formulieren:

Nimm mich wahr.

Erlaube mir, die Welt zu erkunden.

Sei da, wenn ich dich brauche.

Erkenne meine Gefühle und reagiere passend darauf.

*Sei eine sichere Basis für mich, zu der ich zurück-
kehren kann und von der aus ich wieder starten
kann.*
*Lass mich selbst machen, wenn es geht, und über-
nimm du die Führung, wenn es notwendig ist.*
*Sei du größer, stärker, weiser, achtsam und wohl-
wollend.* (Vgl. Cooper, u. a. 2000)

Kreis der Freude

Nun geht es im Leben nicht nur darum, Stress,
Schmerz oder Angst zu bewältigen.

**Lernen ist ein schönes Abenteuer,
wenn jemand da ist, der es mit mir teilt**

Sicherheit
Freude

Neugier,
Herausforderung

Resonanz
des
Gefühls

Auf-
regung

Wunsch
nach
Nähe

Das Kind strebt vor allem danach, Freude zu erfahren. Mit Vergnügen entdeckt es seine Welt,
lernt ständig Neues. Auch dazu braucht es seine Erwachsenen.
Ein Baby auf dem Arm seiner Mutter oder seines Vaters schaut sich um, sieht das Mobile. Es
ist fasziniert, wird aufgeregt, zappelt. So aufregend, fast zu viel! Jetzt sind die Großen gefragt:
Das Kind benötigt die Sicherheit des Erwachsenen, der seine Gefühle wahrnimmt, der mit-
schwingt und gleichzeitig ruhig genug bleibt, um
dem Kind zu vermitteln: Ja, das ist toll, es ist
aufregend, aber nicht gefährlich. Der Erregungs-
zustand des Kindes reguliert sich wieder. Nach
einer kleinen Pause kann es sich erneut dem
Mobile oder nun einer anderen Sache zuwenden. Die miteinander geteilten Momente der
Freude beruhigen und stimulieren den Erkun-
dungsdrang des Kindes. Die Aufgabe des Erwachsenen ist es, die Gefühle des Kindes wahrzunehmen, sie aufzunehmen und in einer
reduzierten und damit verträglichen Form zu
spiegeln. Das hilft dem Kind, seinen Erregungs-
zustand herunterzuregulieren und als eine gute
Erfahrung zu verinnerlichen. Das gemeinsame
Schauen, das Spielen und Ent-
decken sind vor allem für die
Lernfreude eines Kindes eine
wichtige Erfahrung.
Das Kind liest im Gesicht des
Erwachsenen und hört an seiner Stimme, ob er tatsächlich
in diesem Moment präsent ist.
Dann erlebt es eine tief befrie-
digende Situation von Kontakt,
von Nähe, von Gemeinsam-
keit. Es entsteht ein Trialog
zwischen dem Kind, dem Erwachsenen und dem Gegen-
stand ihrer gemeinsamen Aufmerksamkeit oder einer dritten
Person. Spürt das Kind dagegen, dass der Erwachsene in-
nerlich abwesend ist, versucht es noch eine ganze Weile, ihn für sich zu gewinnen, um sich
dann frustriert abzuwenden.
Kleinkinder sind Meister darin, die Aufmerksamkeit des Erwachsenen auf einen Gegenstand
zu richten, der sie interessiert, es ist ihnen wirklich ein Anliegen. Sie setzen ihren ganzen
Charme ein, sie gucken zum Erwachsenen und
zurück zum Gegenstand, dann wieder zum Erwachsenen ... so lange, bis er endlich auch hinschaut. Sie unterstützen ihre Bemühungen mit
Bewegungen und mit Lauten. Tomasello (2009)

beschreibt sehr eindrücklich, wie Kleinkinder dadurch die Wahrscheinlichkeit erhöhen, dass der Erwachsene sich einem Gegenstand zuwendet: Wenn sie die Wahl haben zwischen mehre-

Beratung. Auch ein gemaltes Plakat, das an einer Stelle hängt, an der Eltern und Fachleute häufig vorbeikommen, kann immer wieder an diese zentrale Botschaft erinnern.

Lass mich etwas versuchen

Und hilf mir, wenn ich dich brauche

ren Gegenständen, wählen sie denjenigen, der schon einmal das gemeinsame freudvolle Interesse geweckt hat. Sie wissen intuitiv, dass damit die Chance steigt, dass sie noch einmal diese wunderbare Erfahrung geteilter Aufmerksamkeit (Papoušek 2004) machen dürfen.

Hinweis für die Frühpädagogik: Diese Modelle eignen sich sehr gut für Elternabende oder die

Verschiedene Bindungspersonen ergänzen sich

Zunächst interessierten sich Bindungsforscher vor allem für die Beziehung zwischen Mutter und Kind. Demnach schien die beständige Anwesenheit der Mutter unabdingbar für die Entwicklung einer sicheren Bindung zu sein. Tren-

nungen in den ersten drei Jahren wurden als massive Gefährdung der seelischen Gesundheit angesehen. Durch die veränderten gesellschaftlichen Bedingungen hat sich das Interesse der Forschung ausgeweitet auf andere nahe private oder professionelle Bezugspersonen. Heute gehen wir davon aus, dass auch andere vertraute und beständige Beziehungen von positiver Bedeutung sind für die Entwicklung schützender Bindungsmuster. Die Ergebnisse langjähriger Forschungen weisen darauf hin, dass die Betreuung eines Kindes ab seinem zweiten Lebensjahr bei einer Tagesmutter oder in einer guten (!) Kinderkrippe ein sicheres Bindungsmuster nicht verstört und unsichere Muster sogar verbessern kann (Ahnert 2010). Weitere Bindungspersonen sind dann ein Gewinn für das Kind, wenn die Trennung von der primären Bezugsperson nicht zu früh und nicht zu lang erfolgt, eine andere Person als Ersatz zur Verfügung steht, um das Kind zu begleiten, und die neue Bezugsperson keine völlig Fremde ist, sondern nur eine weniger vertraute andere Person. Dem behutsamen Übergang in die außerfamiliäre Betreuung kommt damit eine besondere Bedeutung zu (Maywald 2010, ➜ S. 109 ff.)

Auch der Unterschied im bindungsrelevanten Verhalten zwischen Vater und Mutter ist interessant: Mütter neigen eher dazu, das Kind zu schützen, seine Bedürfnisse möglichst prompt und passend zu beantworten, ihm vor allem Sicherheit zu geben. Väter dagegen agieren mit einer Tendenz zur Herausforderung: Toben bis kurz vom Weinen; erst mal abwarten, ob es sich selbst beruhigt, ehe wir hingehen etc. Beide Verhaltensweisen bieten für die Entwicklung des Kindes Vorteile. Entscheidend ist, ob das jeweilige Kind in der jeweiligen Situation damit umgehen kann oder ob es auf Dauer über- oder unterfordert ist und ob beide Elternteile die Reaktionen des jeweils anderen zumindest akzeptieren können.

Manchmal brauchen die Kinder Hilfe, um ein Ziel zu erreichen: einen Ball wiederzubekommen, der weggerollt ist, auf ein Hindernis zu klettern ...; wenn ihnen das nicht sofort gelingt, suchen sie Unterstützung. Was aber bedeutet entwicklungsfördernde Unterstützung? Nicht unbedingt, dass Mama sofort den gewünschten Gegenstand reicht oder Klein Leon auf den Hocker hebt. Zunächst braucht das Kind emotionale Unterstützung: Ja, das ist schade, der Ball liegt dort hinten. Dann Ermutigung: Willst du mal hinkrabbeln? Vielleicht auch Assistenz: Wir krabbeln beide hin, und ich hol ihn unter dem Schrank hervor. Alles, was wir dem Kind abnehmen, kann es nicht mehr selbst entdecken. Wieder geht es um die Balance zwischen den Polen Sicherheit – Ich bekomme sofort alles, was ich brauche, und Überforderung – Meine Ziele sind zu groß, ich kann es nicht schaffen!

Ein verlässliches Gefühl für sich selbst, seine eigenen Fähigkeiten, Möglichkeiten und Grenzen bekommt das kleine Kind durch den Kontakt mit nahen Erwachsenen, die sein Interesse und seine Freude teilen und ihm bei Bedarf assistieren. Dabei lernt es, dass es Freude macht, Ziele zu haben, sich anzustrengen und dass es bei Bedarf Unterstützung bekommt. Die Welt erscheint dem Kind zunehmend verstehbar und verlässlich, es hat einen gewissen Handlungsspielraum und erfährt sich als selbstwirksam, es lohnt sich, sich anzustrengen: So erfährt das Kind Kohärenz.

Anmerkung:
Falls Sie beim Lesen dieser Seiten gleichzeitig an ihre eigenen Kindheitserfahrungen, an Ihr Verhalten gegenüber Ihren eigenen Kindern und/oder an viele Eltern und Kinder gedacht haben, die ihnen begegnet sind, und falls sie da-

bei das ungute Gefühl hatten, dass die jeweiligen Eltern doch ziemlich unzulänglich waren oder sind:

Eltern können, müssen und sollen nicht perfekt sein.

Wenn Eltern hinreichend gute Eltern sind, sind sie gut für ihr Kind.

Zusammenfassung

Das Kind braucht eine sichere Basis, um Unsicherheiten, Angst, Stress und Schmerz zu bewältigen und mit Freude seine Welt zu erkunden.

Im Lauf der ersten Lebensjahre erwirbt es durch die Erfahrungen mit seinen nahen Erwachsenen ein inneres Grundmuster, mit dem es in Zukunft auf schwierige Situationen reagieren wird. Bittet es um Hilfe, oder lässt es sich nichts anmerken? Lässt es sich trösten oder wird es ärgerlich? Klammert es sich an oder erforscht es neugierig die Umgebung? Die Modelle der Bindungstheorie helfen, das Verhalten kleiner Kinder in Belastungssituationen zu verstehen.

Für die Praxis bieten sie eine Fülle von Anregungen, um den Alltag von Babys und Kleinkindern so zu gestalten, dass sowohl ihr Bindungsbedürfnis als auch ihre Lust an der Erforschung der Welt befriedigt wird.

Bindungspersonen sind größer, stärker, weiser und wohlwollend, sie sind vertraut, verlässlich und verfügbar.

Verschiedene Bindungspersonen ergänzen sich gegenseitig.

Je nach eigenem Temperament und Bezug zum Kind betonen sie in ihrem Verhalten eher das Element der Sicherheit oder das Element der Herausforderung.

Auch Eltern brauchen eine sichere Basis, um feinfühlig reagieren zu können.

2
Entwicklung und Interaktion
Erkenntnisse aus Wissenschaft und Praxis

Niemand ist eine Insel. Ein Kind wächst in und mit seiner Welt und seine Welt mit ihm.

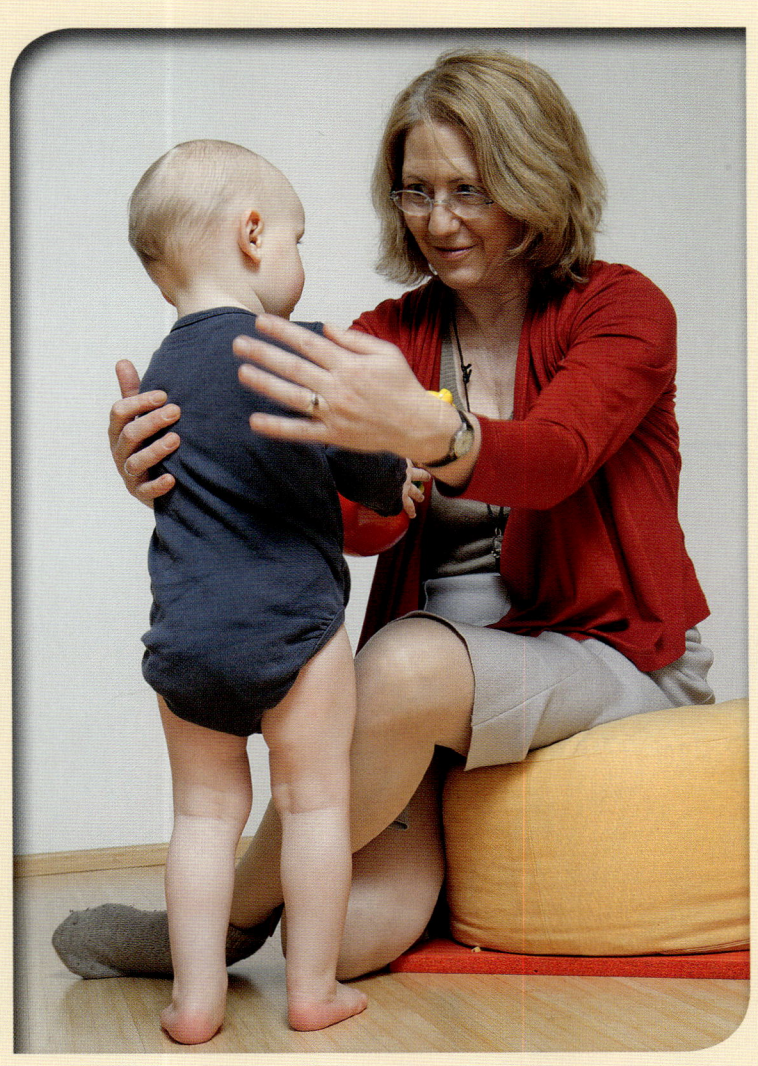

In diesem Kapitel erfahren Sie etwas darüber, wie sich ein Kind in seinen ersten drei Lebensjahren im Kontakt mit seinen Mitmenschen entwickelt. Zwei Fachfrauen aus unterschiedlichen Disziplinen stellen ihr Wissen vor: Die Kinderärztin Dagmar Brandi beschreibt die Entwicklung der Null- bis Zweijährigen; die Pädagogin Gudrun Schulz gibt einen Einblick in die dynamische Gefühlswelt kleiner Kinder und Anregungen, wie Erwachsene damit umgehen können.

Die Entwicklung eines Kindes in den ersten drei Jahren verläuft rasant. Innerhalb dieser Zeit wächst es heran vom hilflosen, pflegebedürftigen Säugling, Tragling, Nestling zum kleinen Kind, das eigenständig laufen, sprechen und essen kann.

Entwicklung ist einerseits die Lebensaufgabe des Kindes und wird von ihm selbst, unter Beteiligung der Erwachsenen und in Auseinandersetzung mit der Umwelt vollzogen; zugleich entwickeln sich die Eltern und andere Bezugspersonen mit ihm. Seine Entwicklungsschritte verlangen von den Erwachsenen, sich immer wieder neu anzupassen, das Ausmaß und die Art ihrer Fürsorge so zu verändern, dass es die notwendige Unterstützung und ausreichend Schutz erhält, und dass es gleichzeitig sich selbst erfahren und seine Fähigkeiten ausprobieren und erweitern kann.

Entwicklung ist also eine gemeinsame Aufgabe von Erwachsenen und Kindern.

Die Anforderung an die Erwachsenen besteht darin, den jeweiligen Zustand, die Bedürfnisse und die Fähigkeiten des Kindes zu erkennen, sie individuell und für den Entwicklungsstand passend zu beantworten und gleichzeitig in zunehmendem Maße eigene Zielsetzungen zu verfolgen. Wenn z. B ein Säugling hungrig ist, braucht er möglichst auf der Stelle etwas zu essen. Ein hungriges Kleinkind dagegen kann durch Mithilfe beim Tischdecken dazu gebracht werden, dass es so lange aushält, bis alle gemeinsam mit der Mahlzeit beginnen.

Die Frage, ob eine Maßnahme der Erwachsenen für dieses Kind zu diesem Zeitpunkt passend ist, beantwortet das Kind selbst. Schauen Sie hin! (Eine kleine Übersetzungshilfe für seine Signale finden Sie in Kapitel 3.)

Intuitiv passen Erwachsene ihr Verhalten dem Kind an. Eltern wachsen mit ihrem Kind. Darüberhinaus gibt es allen Erwachsenen Sicherheit, wenn sie Fachkenntnisse über die Möglichkeiten, Grenzen und Bedürfnissen eines Kindes im jeweiligen Alter haben.

Aufmerksamkeit teilen: Guck mal!

Entwicklungsschritte der Eltern-Kind-Beziehng

Von der Geburt an entwickelt sich die Interaktion zwischen einem Kind und seinen Erwachsenen Schritt für Schritt. Jede Stufe stellt neue Aufgaben und bringt neue Freuden mit sich. Aus der Forschungsgruppe um Ute Ziegenhain an der Universität Ulm stammt die Idee, die Etappen der gemeinsamen Entwicklungsaufgaben parallel zu den Zeitpunkten der Vorsorgeuntersuchungen zu betrachten. Die folgende Übersicht gibt einen Einblick in das Hauptthema der jeweiligen Zeitspanne.

U 1 Die ersten Tage: ankommen.
Der Sturm der Gefühle nach der Geburt ist zunächst gewaltig. Die Eltern fühlen sich häufig wie auf einem anderen Stern, und das Kind ist vollauf damit beschäftigt, Atmung, Verdauung, Schwerkraft und Temperaturunterschiede, das Licht und die Geräusche zu bewältigen. Die gemeinsame Aufgabe des Ankommens erfordert viel äußere Ungestörtheit, viel Zeit zum Schauen, Fühlen und Staunen.

U 2 2.–6. Lebenswoche: einander kennenlernen.
Die Wahrnehmung der Eltern schärft sich, sie lernen ihr Baby zu „lesen". Ihre Sicherheit in den alltäglichen Abläufen wächst. Die Kommunikation findet vor allem durch Berührung statt, durch das gegenseitige Widerspiegeln der Mimik und durch Laute. Für manche Eltern ist es schwer auszuhalten, dass ihr Kind noch nicht bewusst Kontakt zu ihnen aufnimmt.

U 3 7.–12. Woche: Die Kommunikation wird zunehmend wechselseitig.
Am Ende dieser Zeitspanne sehen die Eltern einen wachen, offenen Säugling, der mit ihnen flirtet und sie anstrahlt. Die Entwicklungsaufgabe: die Balance finden zwischen Anregung und Ruhe; die Fähigkeit zur Selbstregulation weiter

entwickeln (Kind), sie erkennen und unterstützen (Eltern); mit dem Kind gemeinsam einen passenden Rhythmus finden.

U 4 bis zum Ende des ersten Halbjahres: Eltern und Kind lernen gemeinsam zu spielen.
Kuckuck, Geben und Nehmen, Sachen verstecken und wiederfinden. Es gibt jetzt deutlich unterschiedene Zeiten für Schlafen, Spielen, Essen.

U 5 bis zum Ende des ersten Jahres: die Welt erkunden.
Das Kind wird mobil. Eltern lernen, Gefahren abzuschätzen. Mit dem Kind gemeinsam entdecken sie die Welt neu. Ein wichtiger Teil der Interaktion ist nach wie vor körperbetont: kugeln, toben, kuscheln. In diese Phase fällt auch die Umstellung der Ernährung auf feste Kost. Essen wird mehr und mehr ein aktives Tun des Kindes. Es isst und wird nicht mehr gefüttert.

U 6 bis zum Ende des zweiten Jahres: sprechen.
Zunehmend lernt das Kind, sich durch Worte zu verständigen. Aufgabe der Eltern: dem Kind antworten in seiner Sprache und ihm Erwachsensprache anbieten. Gemeinsam beobachten, was gerade passiert und Gefühle und Fakten in Worte fassen. Achtung: Auch wenn ein Kind offensichtlich viele Worte gut versteht, fehlt ihm oft noch der Bedeutungszusammenhang.

U 7 bis zum Ende des dritten Jahres: Balance zwischen dem eigenen Willen und dem der Eltern.
Jetzt sind Souveränität, Geduld und Beharrlichkeit gefordert: Das Kind erforscht die Welt, Erwachsene sind Forschungsobjekte: Funktionieren sie verlässlich? Es ist zu klären, für welche Entscheidungen der Erwachsene zuständig ist und für welche das Kind. Die Großen setzen den Rahmen, und darin bekommt das Kind einen angemessenen Handlungs- und Entscheidungsspielraum, z. B. in den Fragen der Ernährung. Was gekocht, wann und wo gegessen wird, ist

eine Entscheidung der Großen. Das Kind darf wählen, ob es drei Möhren isst und eine Kartoffel oder drei Kartoffeln und eine Möhre.

Ein besonderes Trainingsfeld für Eltern und Kind ist der Umgang mit Konflikten: miteinander streiten lernen, Kompromisse aushandeln, Wut und Ärger aushalten und sich wieder versöhnen.

Entwicklung entsteht durch Kontakt
(von Dagmar Brandi)

Jedes Kind ist wie alle Kinder ein besonderes Kind

Jedes Lebewesen entwickelt sich im Kontakt mit seiner Umgebung. Von der ersten Zelle an sind die Erfahrungen, die der menschliche Embryo und später der Fötus vorgeburtlich macht, eine enge Kooperation mit seiner Umwelt. In und mit der Umgebung, die er im Körper seiner Mutter vorfindet, entwickelt sich sein Sinnessystem, hier lernt er fühlen, schmecken, sich zu bewegen. Die pränatale Entwicklung des späteren „Temperaments" des Kindes ist beeinflusst durch das Zusammenspiel seiner Erbanlagen und der Erfahrungen, die es mit seiner Mutter vom Beginn der Schwangerschaft an macht. Ihr Verhalten, ihre Ernährung, ihre Stimme und ihre Befindlichkeit spielen dabei eine Rolle. Schon in der 5. bis 8. Schwangerschaftswoche reifen die für die psychische Balance wichtigsten Anteile des Gehirns: der Hypothalamus, der Mandelkern und das limbische System.

Maximalen Kontakt hat das Baby kurz vor der Geburt. Noch schwebt es in der Schwerelosigkeit, ist aber beengt durch den geringeren Raum in der Fruchtblase. Es spürt die Bewegungen der Mutter, ihre Atembewegungen, ihren Herzschlag, ihre Darmperistaltik und die Vorwehen in der Gebärmutter. Einerseits mag die Enge unangenehm sein, andererseits gibt sie Halt und ermöglicht das Fühlen des eigenen Körpers. Die Entwicklung der Tiefensensibilität, des Gleichgewichts- und des Berührungssinnes, der sogenannten Basissinne, beginnt im Mutterleib.

In diesem Stadium weiß das Baby noch nichts von einem eigenen Körper. Doch es fühlt gern, was sich gut anfühlt, wie das Nuckeln am eigenen Händchen. Der Saugreflex veranlasst es, dies zu tun, und allmählich lernt es zu nuckeln, um sich zu beruhigen. Ein Reflex ist eine unwillkürliche Handlung, die in unserem Gehirn angelegt ist, um uns nach der Geburt Überlebenstechniken zu bieten, zu denen das unreife Neugeborene sonst noch gar nicht in der Lage wäre. Dazu gehören neben dem Saugreflex auch der Schluckreflex, der Greifreflex, der Mororeflex, der Schreitreflex und viele andere, die später nicht mehr notwendig sind, wenn die sensomotorische Entwicklung so fortgeschritten ist, dass das Kind diese Bewegungen aktiv lernen und bewusst und willkürlich ausführen kann.

In seinen kurzen Wachphasen kann das Ungeborene sich den Geruch des Fruchtwassers seiner Mutter einprägen und schon ein paar Schlückchen davon kosten. Es ist geschmacklich der Milch seiner Mutter sehr ähnlich. Nach der Geburt wird es so den Duft seiner Mutter unter allen herausriechen. Auch die Geschmacksorgane auf der Zunge sind schon in der Lage, salzig, süß und sauer zu unterscheiden. Seine Vorliebe geht eindeutig in Richtung süß. Ganz besonders fein ist schon das Gehör ausgebildet, so dass die Stimme der Mutter nach der Geburt eindeutig geortet werden kann.

Das Leben beginnt

Wenn sich der Fötus gut genug vorbereitet fühlt für den Weg in eine neue Welt sendet er Botschaften aus, auf die der mütterliche Körper reagiert: Die Geburt beginnt. Mutter und Kind finden im günstigen Fall zu einem guten Zusammenspiel. Der Druck der Wehen, der Stellreflex des Kindes und seine aktiven Vorwärtbewegungen lassen es den Geburtskanal überwinden. Im Englischen bedeutet das Wort „labour" Wehen, und die Geburt ist tatsächlich eine intensive Arbeit, die Mutter und Kind gemeinsam vollbringen.

Der Geburtsvorgang ist durch seine massive Einwirkung auf das Kind wie ein Aktivator zu sehen: Lebensgeister werden buchstäblich geweckt. Der erste Atemzug beginnt mit einem Schrei und führt zu einer Öffnung des Lungenkreislaufs. Das Kind verliert rasch seine bläuliche Farbe und beginnt, sich kräftig zu bewegen. Auf den Bauch der Mutter gelegt, bewirkt dasselbe Hormon, das die Geburtswehen in Gang gesetzt und die erste Trennung verursacht hat, auch die erste Verbindung. Oxytocin hilft das Bonding als beglückende Nähe zu erleben und die Muttermilch einschießen zu lassen.

Für das Bonding ist es am Besten, wenn das Neugeborene unmittelbar nach der Geburt auf die nackte Haut der Mutter gelegt wird, um erst einmal in dieser Welt anzukommen. Das Neugeborene riecht den vom Fruchtwasser bekannten Duft seiner Mama und bewegt sich hin zur Milchquelle. Wenn seine Wange die Brustwarze berührt, findet auch sein Mund sie, und es beginnt daran zu saugen. Es saugt kräftig, bis es erfolgreich ein paar dicke Tropfen der fetten Milch (Kolostrum) zu schlucken bekommt.

Es ist überwältigt von all den neuen Reizen. Mit seinem gut ausgebildeten Gehör kann es unter den vielen lauten Geräuschen die ihm bekannten Stimmen seiner Eltern herausfinden. Die Augen hatten bisher keine Gelegenheit, sich im Se-

hen zu üben. Nun guckt es schon konzentriert das Gesicht über sich an. Es erkennt das Muster aus zwei Augen und einem Mund, der sich bewegt. Das Stirnrunzeln und das Bewegen der Zunge interessiert es am Gesicht seiner Mutter. Es tastet mit seinen Augen dieses Muster ab und vermag nach kurzer Zeit die Bewegungen nachzuahmen. Der Vater nimmt es vielleicht auf seinen Bauch und umfasst seinen kleinen Körper kräftig mit seinen großen Händen. Das Baby fuchtelt noch etwas mit seinen Ärmchen, gibt dann dem sanften Druck von Vaters Händen nach und schläft erschöpft ein.

Das „Liebeshormon" Oxytocin hat den Körper der Mutter überflutet, und auch der Vater erlebt in diesen ersten Momenten des neuen Lebens ein überwältigendes Gefühl tiefer Dankbarkeit und Rührung. Die Eltern betrachten voll Liebe ihr Kind und nehmen es mit diesen Blicken in sich auf.

Für die folgenden schwierigen Wochen mit dem Neugeborenen verschafft die Natur den Eltern mit diesem Oxytocin – gleich einem „Zaubertrunk" – genug Kraft, die neuen Aufgaben und Entbehrungen leichter anzunehmen.

Die Natur hat die Eltern wunderbarerweise mit dem intuitiven Wissen ausgestattet, ihrem Kind richtig zu begegnen, indem sie es im passenden Abstand betrachten, ihre Mimik verstärken durch gezielten Blickkontakt („Grußverhalten") und ihre Stimme höher und melodischer erklingen lassen. Und auch der Säugling hat mit den angeborenen Reflexen sein Überleben gesichert. Mit dieser biologischen Urausstattung bringt sich jedes Kind in die Welt ein. Indem es die Grenzerfahrung der Gebärmutter mit seiner eigenen Ausdehnung erfährt, übt es schon im mütterlichen Leib überlebenswichtige Funktionen: saugen, schlucken, hören, tasten, erfühlen der eigenen Leiblichkeit (was wir Kinästhesie nennen), Gleichgewicht, Raumerfassung.

Mit allen Sinnen aktiv

Nach der Geburt kämpft das Neugeborene mit den Sinneseindrücken, die es vorher nicht trainieren konnte: der Schwerkraft, dem Mangel an begrenzendem Kontakt, den schrillen plötzlichen Geräuschen, dem gleißenden Licht, den Temperaturschwankungen, den unangenehmen Reizen auf der durch das weiche Fruchtwasser verwöhnten Haut.

Diese heftigen unbekannten sensorischen Reize können ein Baby mehr oder weniger außer Kontrolle bringen. Es fuchtelt herum, es setzt all seine Energie ein, um sich mithilfe seiner ihm vertrauten Sinnesreize wie nuckeln, schaukeln, süße Flüssigkeit kosten zu beruhigen. Manchmal schafft es das Baby nicht, sich selbst zu beruhigen, es wird immer frustrierter und erregt sich schließlich so, dass es nach Hilfe von außen schreit. Dann setzen Eltern ihr intuitives elterliches Beruhigungsprogramm ein, indem sie mit sanfter Stimme, Festhalten und Wiegen dem Baby geben, was es allein noch nicht schafft.

Nicht immer ist es leicht

In modernen Staaten wurde das Ziel, die Kindersterblichkeit zu senken, durch hohen technischen Aufwand erreicht. Der Preis sind mitunter Geburten mit ganz anderen Situationen als der oben beschriebenen. Ob vonseiten des Babys (etwa Frühgeburt, Krankheiten, Atemschwierigkeiten) oder vonseiten der Mutter (etwa operative Geburten, ungeplante Zwischenfälle, Erschöpfung, Ängste, schwierige soziale Voraussetzungen) – all dies sind Belastungen und Risiken, die mit einem Mangel an Oxytocin einhergehen und das spontane Bonding und später manchmal auch die Entstehung einer guten Bindung erschweren.

Wenn Komplikationen aufgetreten sind, fällt das beschriebene Aufeinander-Eingestimmtsein häufig schwerer. Das ohnehin labile Gleichgewicht kann gefährdet sein durch „Regulationsprobleme", die die frühe Elternschaft sehr belasten.

Nicht selten kommt es auch zu geburtsbedingten Kopffehlstellungen. Die Schiefhaltung reizt das verlängerte Rückenmark, in dem unsere lebenswichtigen Zentren sitzen. Das Kind reagiert mit Überempfindlichkeit und schreit, es ist unruhig, findet keinen Rhythmus, trinkt schlecht, hat vegetative Störungen, hat Blähungen. Und es ist anfälliger für den plötzlichen Kindstod. Durch die Überstreckung bleibt es in der ersten Phase des Moroschutzreflexes stecken, es rudert wild mit den Armen und kann sich nicht vor Außenreizen schützen. Es ist zu wach, es ist ein „Guckkind", es erschrickt sich bei Geräuschen, gewöhnt sich nicht an die neuen Zustände und kann daher nicht abschalten. So gelingt es ihm kaum, mit Ruhe die Welt zu begreifen.

Diese Kinder und mit ihnen ihre Eltern brauchen möglichst bald jemanden, der ihnen hilft, die ausgelassenen Reize nachzuholen und im besten Sinne überlebensfähig zu werden.

Das Baby ist ein Tragling. Neun Monate ist es in der Gebärmutter sicher getragen worden. Nun kommt es in eine technisierte Welt, wo Räder als Ersatz für die ihm bekannte sanft schaukelnde Form der Fortbewegung dienen. Beängstigend kann auch der in seinem Empfinden heftig schleudernde Autositz sein, in den es mitunter viel zu lange gequetscht wird. Es ist gewohnt, dass sanfter Druck von außen seine noch unkontrollierten Bewegungen zur Ruhe bringt, und fühlt sich plötzlich im freien Fall, wenn es auf eine Decke abgelegt wird. Es vermisst die kontinuierlichen Hautkontakte, die seine Lebenslust angeregt haben, und es hat eine Reizüberflutung auszuhalten. Sogar die Milch, die seinen Magen füllt und wärmt, muss es erst einmal verdauen lernen.

Es würde allen Beteiligten helfen, wenn sie versuchen könnten, sich mehr in die Erfahrungswelt des Babys einzufühlen, um ihm zu helfen, sich geborgen, und sicher zu fühlen und sich allmählich an unsere Welt anzupassen.

Das Menschenkind muss, gemessen an seinem Reifezustand, drei Monate „zu früh" geboren werden, weil die Beckenausmaße Opfer des aufrechten Gangs geworden sind. Das Kind ist nur dann auf diese von der Natur programmierte „Frühgeburtlichkeit" vorbereitet, wenn das gute Zusammenspiel von Kind und Mutter bei der Geburt gegeben ist.

Viele Eltern wissen nicht, dass das menschliche Neugeborene als „physiologische Frühgeburt" in den ersten drei Monaten sehr damit zu kämpfen hat, sein Wohlbefinden aus dem vorgeburtlichen Leben annähernd wiederzufinden. Selbst für das reife und gesunde Neugeborene ist es schwer, sich auf das einzustellen, was ihm begegnet an abrupten Bewegungen und Erfahrungen mit der Schwerkraft, mit Licht und lauten Geräuschen, mit Kälte und Hunger. Der Verlust der ihn stets umgebenden Massagen durch das Fruchtwasser und die Schutzhüllen der Gebärmutter will verkraftet sein! Es kann nun nicht mehr jederzeit an seinen Fingerchen lutschen und sich mit dem süßen Fruchtwasser beruhigen. Es macht die Erfahrung von Ohnmacht und völligem Angewiesensein auf Eltern, die aber nicht so kontinuierlich bei ihm sind wie das Neugeborene es bräuchte, um sich wohlzufühlen. Ohne Entbehrungen geht es nicht, daher muss es öfter schreien. Sich zu regulieren mit Hilfe seiner feinfühligen Eltern, gelingt immer besser, wenn die neuen Erfahrungen nicht zu überwältigend sind.

Sichere Bindung

Für den Aufbau einer sicheren Bindung ist das Neugeborene auf Eltern angewiesen, die prompt und feinfühlig auf seine Signale reagieren. Dazu dienen Blickkontakt, Ansprechen, Berühren im angemessenen Rhythmus u. a.

Das Baby unter drei Monaten interessiert sich für Stimme, Mimik , Berührung und Geruch seiner Bezugspersonen, weil sein Überleben davon abhängt, diejenigen, die es versorgen und beschützen, genau kennenzulernen und Vertrauen zu ihnen aufzubauen. Anfangs setzt es dafür Rufen und Schreien ein, später flirtet es und versucht, mit unwiderstehlichen Einladungen zum „Babytalk" eine Gemeinsamkeit herzustellen. Das Kind erwartet geradezu von seinen Pflegepersonen die Interaktionsmuster, für die es vorprogrammiert ist. Seine präverbale Kommunikation perfektioniert es immer mehr, wenn es ihm gelingt, die Erwachsenen dafür zu begeistern. Dies ist der Beginn seiner Selbstwirksamkeit. Bindungsförderlich sind eine Feinabstimmung durch Blickkontakt und Rhythmus in der Handlung und in der Sprache. Das Baby wendet sich zumeist ab, wenn es eine Pause braucht. Wenn Eltern die Signale lesen lernen, bedeutet das eine große Chance für ihr Baby, sich sozial, kognitiv und kreativ optimal zu entwickeln. (s. auch S. 29 und S. 75 ff.)

Reize können auch zu viel werden

Viele Krankheiten und auch Schwierigkeiten bei der Geburt wie Frühgeburtlichkeit, Kaiserschnitt, Saugglocke oder Sturzgeburt stören leicht die fein miteinander verwobenen Entwicklungsnetze zwischen Sensorik und Motorik, frustrieren das Baby und machen für die Eltern die Erziehung schwierig. Hier ist eine von den Krankenkassen bezahlte Entwicklungstherapie häufig nötig und zwar so früh wie möglich entweder über die sensomotorische Wahrnehmungsbehandlung in der Ergotherapie oder die Physiotherapie nach Bobath. In einigen Fällen ist auch die Krankengymnastik nach Vojta angebracht. Bei schweren Schädigungen der Sinnesorgane oder Behinderungen im Sinnes- und

Motorikbereich kommt die Frühförderung in Frage.

Die sensomotorische Entwicklung

Wie bei einem starken Baum sind die Wurzeln entscheidend, damit eine mächtige Krone sich auf einem soliden Stamm entwickeln kann. In unserer Wahrnehmung ist das Wurzelwerk gleichbedeutend mit den Basissinnen für die eigene Körperwahrnehmung, der Stamm für die Verbindung der Körper- und der Umweltwahrnehmung und die fein verästelte Krone für die Umweltwahrnehmung, differenzierte motorische, perzeptive, soziale und kognitive Fähigkeiten.

Manche Babys haben anfangs mehr Probleme mit den vielen neuen Reizen als andere und können sich selbst mit Hilfe der Eltern nur schwer regulieren. Hier ist es sinnvoll, fachliche Beratung in Anspruch zu nehmen, denn diese Babys machen ihre weitere Entwicklung zwar altersgerecht oder manchmal sogar schneller als andere, sind dafür aber oft unausgeglichener, unruhiger, anstrengender, leichter reizbar. Andere sind einfach nur ruhige Babys. Ihnen muss man mehr Anregungen geben. Wieder andere sind durch Stress und weitere Ursachen so erschöpft und apathisch, dass sie wenig Lust auf Entwicklung haben. Auch hier ist eine Beratung und Abklärung erforderlich.

Babymassagen sind eine wundervolle Möglichkeit, in sinnlichen Kontakt mit dem Baby zu treten und über die Stimulierung seiner Basissinne eine harmonische sensomotorische Entwicklung zu unterstützen. Denn das Wesen alles Lebendigen ist sein Bedürfnis nach körperlichem Kontakt (s. Kap. 4).

Jedes gesunde Neugeborene hat schon vor der Geburt erworbene, zwar begrenzte, aber hoch wirksame sensomotorische Möglichkeiten. Doch damit gibt es sich nicht lange zufrieden. Sein ganz persönlicher Entwicklungsplan bringt das Baby dazu, selbst ausprobieren zu wollen, was es schon allein kann. Jeder Eindruck, der von außen auf es einstürmt, wird als sensorischer Reiz wahrgenommen und muss nach und nach einsortiert werden. Jedes Baby entwickelt allmählich Vorlieben für das , was es gern hört oder anschaut, wie es angefasst, gestreichelt oder auch getragen werden möchte.

Angestrengt betrachtet es von Geburt an Gesichter und endlich, ab dem zweiten Lebensmonat, kann es mit seinen Gesichtsmuskeln ein Lächeln hervorbringen. Es ist so einladend, dass die Eltern jetzt immer wieder schauen, wie sie es hervorlocken können. Dazu beginnt das Baby zu gurren und reagiert bald mit dem ganzen Körper darauf, indem es die Ärmchen nach vorn streckt.

Noch lange kann es das Gewünschte aus eigener Kraft nicht erreichen, aber es bringt auch so seine Eltern dazu, dass sie ihm gern etwas in die Hand geben, was es mit seinen Händen und seinem Mund untersuchen kann. Dabei macht es im Alter von drei Monaten bereits Physikexperimente, indem es be-greift, z.B. wie unterschiedlich ein Würfel oder eine Kugel beschaffen ist.

Babys Forscherdrang ist so groß, dass es jetzt gewaltige motorische Anstrengungen macht, um auch fernere Gegenstände zu untersuchen. Dafür muss es sich intensiv mit der Überwindung der Schwerkraft beschäftigen. Und es macht in den nächsten 12 Monaten ganz neue sinnliche Erfahrungen – vor allem mit dem Gleichgewicht –, die es zunächst sehr frustrieren, bis sein gesamter Körper (Motorik, Muskulatur, Koordination, Gleichgewicht, Kinästhesie) reif genug für den großen Schritt ist: die aufrechte Position zu erreichen.

Im Zusammenspiel zwischen den Wahrnehmungen unserer Sinne und den erst dadurch mögli-

Nina und Jona haben eine sichere und vertrauensvolle Beziehung aufgebaut

chen motorischen Handlungen schreitet Entwicklung unser Leben lang fort. Erst mit zwölf Jahren (!) ist die wesentliche Reife darin abgeschlossen. Nur wenn die Sinnesorgane intakt, die Reize gut dosiert und klar wahrnehmbar sowie ungefähr zur Alters- und Reifungsphase passend sind, hat unser Gehirn die Möglichkeit, daraus so viel Information über die Umwelt zu erhalten, dass eine gute Bewegungsentwicklung mit guter motorischer Kompetenz und eine der Situation und dem Material angemessene Handlungsplanung erfolgen können. Wir sprechen von sensomotorischer Entwicklung, weil beide Entwicklungen sich in Wechselwirkung ergänzen und mit zunehmender Hirnreife untrennbar mit der emotionalen und kognitiven Entwicklung des Kindes einhergehen.

Die ersten drei Monate

Mit vier Wochen ist das Ende der Neugeborenenzeit erreicht. Das Baby wird wacher, sieht und hört mehr, kann sich nicht mehr so abschirmen durch häufigen Schlaf und ist dadurch am Abend häufig reizüberflutet. Da alle Menschen zwischen 18 und 22 Uhr die höchste Aktivitätskurve (auch messbar an der Körpertemperatur) haben, sind die meisten Babys zwischen der 6. und 12. Woche abends besonders unruhig und schreien vermehrt. Je hektischer dabei auch noch die Erwachsenen sind, umso schwieriger lassen sich manche Babys beruhigen. Ein Baby braucht liebevolle ruhige Hilfe von außen, um allmählich zu lernen, sich selbst zu regulieren. Anfangs sind seine Wachphasen kurz. Es gibt Momente, in denen es ganz zufrieden ist, wenn es sich aber unwohl fühlt, kann es nicht anders darauf aufmerksam machen als mit seiner Stimme. In dem Maße wie es den Eltern besser gelingt, das Rufen und Schreien richtig zu deuten und prompt und angemessen darauf zu reagieren, kann sich das Kind in den Wachphasen durch gelingende, positiv erlebte Interaktion entwickeln. So lernt es zunehmend, sich selber zu

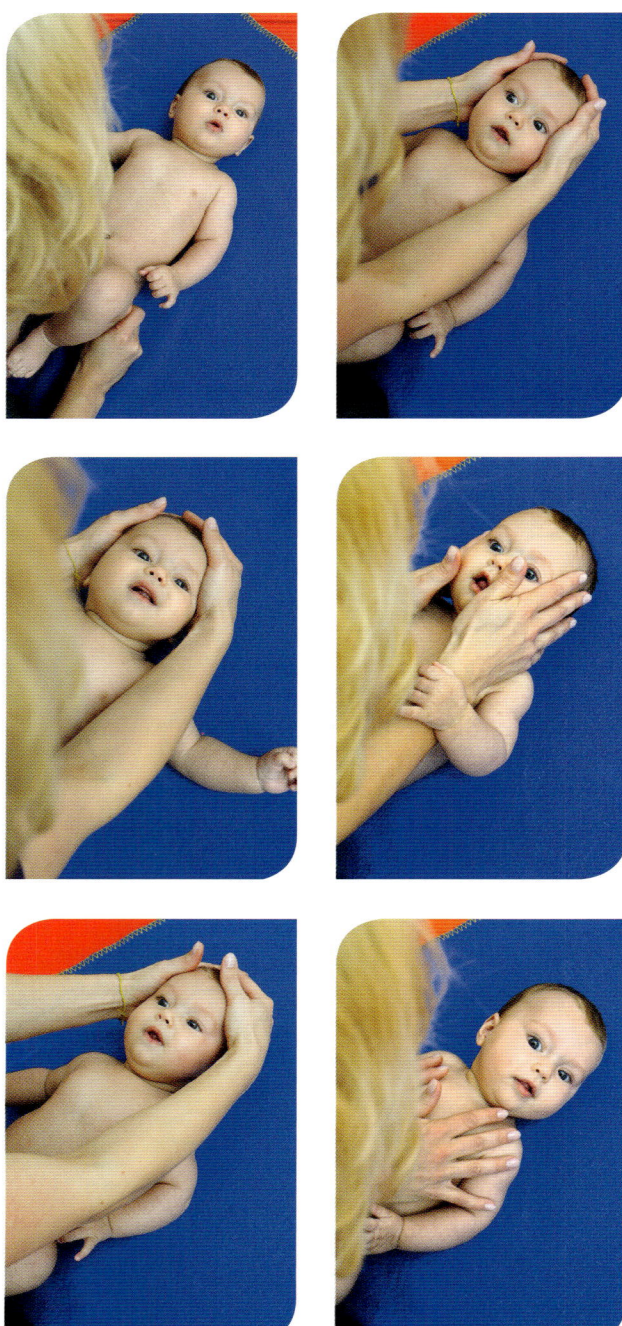

Massage sagt dem Kind: Ich liebe dich

regulieren. Ein „Schreibaby", welches über einen längeren Zeitraum täglich mehr als drei Stunden schreit, verpasst solche verbindenden Interaktionen, weil in seinen Ruhephasen Eltern und Kind zu erschöpft sind, miteinander in freudigen Kontakt zu treten.

Bewusstsein und Begreifen

Im jüngsten Teil des menschlichen Gehirns, dem Kortex, entstehen ab dem 3. Monat in unvorstellbar schneller Zeit als Grobvernetzung 500 Billionen Querverbindungen zwischen den berühmten grauen Zellen, die die ungeheure Lernfähigkeit des Babys ausmachen. Viele dieser Synapsen stellen später ihre Tätigkeit wieder ein, wenn sie zu selten benutzt werden.

Das Kind entwickelt auf dem Boden vorgeprägter Muster durch Versuch und Irrtum eigene individuelle, auf sich selbst zugeschnittene Programme. Diese werden sogar in seine Erbanlagen eingebaut und können an spätere Generationen genetisch weitergegeben werden. Weite Teile des Gehirns bleiben bei mangelnder Übung unbenutzt. Oft können individuelle Programme erst in bestimmten Reifephasen des Gehirns aktiviert werden, z.B. Sprechen, Blasen- und Darmbeherrschung, Zeitgefühl und Rechnen, Körperbeherrschung.

Mit zwölf Jahren ist der „individuelle Computer" fast fertig programmiert, jetzt werden neuartige Lernvorgänge schwieriger. Aber das für die moralische Urteilskraft wichtige Frontalhirn entwickelt sich noch bis zum 20. Lebensjahr. Nicht benutzte alte Lernvorgänge werden abgespeichert und bei Bedarf wieder aktiviert. So vergisst das Kind Sprachen, die es nach seinem 10. Lebensjahr nicht mehr gesprochen hat, wird sie beim späteren Neulernen aber schnell wieder beherrschen. Auch die als Kind erworbenen und später wenig geübten Fähigkeiten wie Schwimmen oder Radfahren verliert man nie.

Mit drei Monaten also entwickelt sich die Großhirnrinde, so dass Willkürmotorik an die Stelle der ersten Reflexe tritt. Das Baby verfügt über eine ausgeprägte Mimik und steuert seine Kommunikation über erstes Lautieren. Es reagiert begeistert, wenn es angesprochen wird. Mit seinem gewinnenden Äußeren, das wir als „Kindchenschema" bezeichnen, zieht es wohlwollende Betrachter an, die automatisch im „Gespräch" mit dem Baby den Augengruß benutzen, die Stimme heben und nicken. Das Baby nimmt begeistert die Kommunikation auf und steuert diese auch, indem es sich abwendet, wenn es ihm zu viel wird.

Ein Gespräch, in welchem sich der Rhythmus zwischen beiden Partnern abwechselt, gibt dem Baby die Gewissheit, gesehen, gehört und an-erkannt zu werden.

Im sicheren Abstand auf dem Arm getragen, studieren Babys den Gesichtsausdruck ihrer Eltern und kennen bald jede mimische Veränderung. Auf diese Weise erkennen sie die emotionalen Signale der neun elementaren Emotionen: Furcht, Freude, Glück, Verachtung, Ekel, Neugierde, Hoffnung, Enttäuschung, Erwartung. Die visuelle Informationsverarbeitung ist 400-mal schneller als die verbale. Blickkontakt und „Lustzentrum" im Gehirn sind eng verbunden. Babys ahmen die Mimik der Eltern nach und lernen durch Abgucken der Mundbewegungen das Sprechen der Muttersprache. Bis sie sechs Monate alt sind, „sprechen" auch gehörlose Babys ganz normal!

Die Entwicklung der Koordination von Hand und Auge (fürs gezielte Greifen und Anfassen und Spüren) bzw. Hand und Mund (zum ganz genauen Erkunden) und der beiden Hände (viele Gegenstände sind zu groß für eine Babyhand) sind erste Meilensteine der Entwicklung. Endlich kann das Baby experimentieren und ausprobieren, was es geistig vorplant, und seine Händchen gehorchen ihm nach unermüdlicher Übung immer besser. Wenn es sie in seiner Mitte zusammenlegt, kann es sich sogar beruhigen. Es kann sie zum Mund bringen und daran lutschen, um sich Lust zu verschaffen.

Ich entdecke die Welt

In der Zeit von drei bis acht Monaten haben sich Baby und seine Eltern kennengelernt. Beim Kind entsteht Urvertrauen in die Eltern. Mutter und

Vater entwickeln Vertrauen in ihre elterlichen Kompetenzen. Außenreize sind dem Baby jetzt viel wichtiger als Innenreize, daher registriert es seine Verdauungstätigkeit nicht mehr. Wie auf einen Schlag ist die abendliche Unruhe vorbei. Das Baby sieht wonnig aus mit seinem gewinnenden Lächeln und seinen Speckfalten. Es gurrt und flirtet auch mit Fremden und ist begeistert, diese zur Antwort einzuladen. Es kann sich schon eine Weile mit der Erkundung seines Körpers beschäftigen. Nackt oder locker bekleidet nimmt es seine Füße in den Mund, rollt sich herum, experimentiert in Bauchlage mit der Schwerkraft und dem Gleichgewicht.

Gegenstände rücken jetzt immer weiter in den Mittelpunkt seines Interesses. Es untersucht sie mit Augen, Hand und Mund, schüttelt, betastet, wiegt, schmeckt, riecht. Es liebt starke Farben und klare Muster. Das Wickeln des Babys kann jetzt zu einer lustvollen Spielsituation werden. (s. auch S. 88).

Mit der fortschreitenden visuellen Entwicklung kann es auch in der Ferne scharf sehen. Es registriert alle Veränderungen in seiner Umgebung. Bei Neuem orientiert es sich an der Blickrichtung der Erwachsenen. Dabei hilft ihm die nur beim Menschen so gut sichtbare weiße Bindehaut, die die Iris umgibt.

Das Baby sitzt jetzt gern auf dem Schoß, oder es lässt sich auf dem Arm herumtragen, weil es seine Umgebung kennenlernen möchte. Oder es übt, sich auf einer sicheren Fläche von der Stelle zu bewegen. Dies versucht es je nach Temperament und körperlicher Gegebenheit durch Rollen, Rückwärtsschieben, Robben oder sogar schon erste Krabbelversuche.

Es ist unzufrieden, wenn es sich langweilt oder es ihm noch nicht gelingt, allein vorwärts zu kommen. Weniger bewegungsfreudige Babys schaffen es oft durch Quengeln, dass sie hochgenommen und umhergetragen werden. Sie verpassen damit einen Teil des altersentsprechenden Trainings. Besser ist es, wenn die Eltern sich zum Baby auf den Boden begeben und mit ihm gemeinsam dort spielen.

Lieben ist Bejahen

Von der modernen Hirnforschung wissen wir, dass Babys nicht nur „Informationsstaubsauger" sind, deren Wissbegierde und Experimentierfreude kaum zu stoppen sind, wie der Hirnforscher Gerald Hüther sagt. Babys spüren Liebe und Ermutigung als Bejahung ihres Wollens und Tuns und genießen sowohl die „Momente gelingender Zweisamkeit" (Daniel Stern) wie auch jede Form von Selbsttätigkeit.

Es ist ratsam, wenn Eltern von Anfang an beachten, wie viel ihr Kind schon mitmachen kann beim Bewegen, Wickeln, Anziehen, Füttern und wie dies zu einem fröhlichen Miteinander werden kann. Babys möchten gerne gemeinsam mit ihren wichtigsten Bezugspersonen Zeit verbringen und dabei erleben, wie stolz diese auf sie sind. Dies ermutigt sie auch darin, selbständig zu werden.

Babys lieben Neues. Je mobiler sie sind, umso interessanter sind weit entfernte Gegenstände, die sie bisher noch nicht untersucht haben. Neurobiologen folgern daraus im Umkehrschluss, dass diese neugierigen Babys ein gutes Gedächtnis haben, weil sie sich merken können, was sie bereits alles kennen und dies nicht mehr interessant genug finden. Kleine Kinder sind Forscher mit immenser Entdeckerfreude.

Wir Menschen brauchen den Kontakt mit anderen Menschen für unsere Entwicklung und fühlen uns in einer Umgebung mit vielen vertrauten Menschen und vielfältigen Anregungen am wohlsten.

Meilensteine der Entwicklung

Aufgrund von Beobachtungen entstanden Anfang 1970 Entwicklungstests in der Annahme, dass bestimmte Meilensteine der Entwicklung wie Lächeln, Greifen, Krabbeln, Sitzen, Laufen, Sprechen, Trockenwerden innerhalb eines grob definierten Zeitfensters erreicht werden. Anhand dieser Skalen wurde deutlich, dass der gesamten kindlichen Entwicklung in ihrer Reihenfolge und Mindestqualität eine Gesetzmäßigkeit zugrunde liegt. Allerdings kann der Zeitpunkt für einen Entwicklungsschritt erheblich variieren und sich dabei immer noch im Bereich des Normalen bewegen. Wenn die kindliche Entwicklung nicht immer dieser Norm entspricht, muss dies kein Anlass zur Sorge sein, sollte aber abgeklärt werden.

In regelmäßigen Abständen wird bei den Vorsorgeuntersuchungen die individuelle Entwicklungsgeschwindigkeit eines Kindes dokumentiert. Nach wie vor dienen die Meilensteine als Anhaltspunkte für den gesunden Verlauf der Entwicklung. Sie werden heute viel stärker nach ihrer Qualität und Kontinuität beurteilt als danach, wann ein Kind etwas kann. Dabei ist es wichtig, dass das Baby bei der Untersuchung möglichst ausgeschlafen, satt und zufrieden ist, da sein Zustand die Untersuchungsergebnisse stark beeinflussen kann. Je jünger die Babys sind, desto kleiner sind diese günstigen Zeiträume für eine solche Untersuchung.

Viel mehr als die Meilensteine sehen wir heute eine sichere Bindung (→ S. 47 ff.) als den Garant für eine gute Entwicklung. Jegliches Lernen hat eine sichere emotionale Basis zur Voraussetzung.

Die Meilensteine der modernen Säuglingsforschung basieren auf Kenntnissen der Neurobiologie und Videoanalysen von Interaktion zwischen dem Baby und seinen Eltern. Sie beziehen sich auf die Gefühle der Kinder, weil wir wissen, dass Lernen nur erfolgen kann, wenn sich die Kinder sicher fühlen. Bei Stress wird das empfindliche limbische System im Gehirn beeinträchtigt und schließlich kann es sogar zu einem Abbau jener Gehirnsubstanz kommen, die für die kognitive und moralische Entwicklung zuständig ist.

In den ersten Lebensmonaten sind Babys empfänglich für die Gefühle anderer, die sie noch nicht von ihren eigenen trennen können. Allmählich entwickelt sich aus dieser Vorstufe zur Empathie, der Gefühlsansteckung, in der Mitte des zweiten Lebensjahres das Ich-Bewusstsein als Voraussetzung für die wirkliche Fähigkeit, sich in andere hineinversetzen zu können.

Auch Stolpersteine sind normal

Neben den Meilensteinen, die Eltern und ihr Baby stolz machen und motivieren, gibt es immer wieder Stolpersteine in der Entwicklung. Im gesunden Kind ist die Entwicklungskraft so groß, dass es – kaum hat es etwas Neues gelernt und „kann" es – schon das nächste Ziel anpeilt, auch wenn das noch viel zu schwierig ist. Manche Babys können dann sehr unleidlich werden oder Eltern sogar den Eindruck vermitteln, dass ihre Entwicklung stehenbleibt. Natürlich macht Eltern dieses Verhalten zunächst ratlos und kann leicht dazu führen, dass sie an ihrem Kind oder an sich als guten Eltern zweifeln.

Schon das kleine Baby aber hat gelernt, sich im Gesichtsausdruck der Eltern Zuversicht und Zustimmung zu holen und reagiert verunsichert, wenn es Zweifel in den Gesichtern der Eltern liest, obgleich es jetzt doch ganz besonders viel Zuspruch bräuchte, um das nächste Ziel zu erreichen.

Die Eltern als „sicherer Hafen"

Die Entdeckung der Spiegelneuronen erklärt, warum schon Babys Empathie zeigen können. In der engen Bindung an seine Eltern und deren feinfühliges Verhalten entwickeln sich bestimmte Nervenzellen, die Spiegelneurone heißen. Sie ermöglichen bereits bei Babys die

Fähigkeit zum Mitfühlen. Durch Orientierung am Blick und an der Mimik der Eltern lernt das Baby sein eigenes Verhalten zu überprüfen. So lernt es Gefühle wie Angst, Freude, Trauer, Ablehnung, Wut schon früh am Gesichtsausdruck seiner Eltern kennen.

Das Baby spiegelt sich in den Augen der Mutter

Die meisten Eltern sind verständlicherweise im Umgang mit einem Säugling unerfahren und schnell beunruhigt, wenn ihr Kind nicht ihren Erwartungen entspricht. Sie können dann plötzlich Gefühle der Unsicherheit oder Ungeduld zeigen. Babys wollen nicht plötzlich mit einer neuen Situation konfrontiert werden. Sie versuchen, sich durch genaue Beobachtung frühzeitig auf eine mögliche Reaktion der Eltern einzustellen. Unter Umständen testen sie diese auch immer wieder aus, um ganz sicher zu sein, dass es so gemeint ist. Wenn dies nicht gut gelingt, ist das Baby so gestresst, dass es seine Gefühle nicht mehr sortieren kann. Je nach Temperament und Ausgangslage wird es anklammernd, verzweifelt, wütend, erstarrt und ist in seinem Lernen blockiert.

Eltern als Stütze und Entwicklungsmotor

Mit acht Monaten hat das Baby schon Grundfertigkeiten in der Motorik, im Sprechen und im Sozialen entwickelt, die es befähigen, sich je nach Temperament seinem Ziel zu nähern: Es möchte wie Mama und Papa mit beiden Beinen auf der Erde stehen, selbst kleinste Fussel greifen, es möchte sprechen, allein essen und trinken, die Welt erkunden und vor allem möchte es mit anderen zusammen spielen.

Von Kind zu Kind sind die Wege dahin sehr unterschiedlich. Allen Kindern gemeinsam ist, dass sie jetzt die Eltern gut genug kennengelernt haben, um sich bei ihnen ganz sicher fühlen zu können. Die sichere Bindung an ihre Eltern ist sowohl der „sichere Hafen" als auch der Entwicklungsmotor für Kinder. Eltern, die viel Spaß daran haben, ihr Kind spielerisch zur Bewegung anzuregen, fördern unbewusst dessen motorische Entwicklung . Alle gesunden Kinder haben den Drang, endlich auf „Augenhöhe" mit den Großen zu sein, wollen allein spannende Dinge entdecken, sich hochziehen, schauen, was passiert, wenn sie Schubladen öffnen, Dinge fortwerfen, schütteln. Sie imitieren gern kleine Gesten wie Winken, Klatschen, Tanzen und die Sprachmelodie ihrer Eltern.

Obgleich jedes Kind anders ist, rollen sich die meisten Kinder mit sechs Monaten, robben mit sieben Monaten, krabbeln und setzen sich auf mit neun Monaten, ziehen sich hoch und beginnen, mit zehn bis zwölf Monaten aufrecht zu stehen. Bis zum Alter von 18 Monaten können dann fast alle Kinder frei laufen.

Sie entwickeln ihr Greifen immer feiner, bis sie im Alter von zwölf Monaten kleinste Krümel auflesen, Verschlüsse öffnen, mit dem Zeigefinger auf Gegenstände weisen und Gegenstände ineinander stapeln. Sie können aber zumeist erst mit 18 Monaten Gegenstände durch Kippen aus Behältern entfernen.

Mit ungefähr neun Monaten übernehmen manche Kinder die Initiative zum wechselseitigen Spiel. Sie spielen Geben und Nehmen. Mit dem Zeigefinger lenken sie den Blick ihrer Bezugsperson zu etwas, das sie interessiert: „Da!"

Ihre visuelle Wahrnehmung wird immer feiner. Sie untersuchen Gegenstände nun lange durch Betrachten, „lesen" Bilderbücher und interessieren sich für ihr Spiegelbild.

Sie interessieren sich etwa mit sechs Monaten für Mahlzeiten, lernen vom Löffel zu essen, aus der Hand selbst zu essen und aus dem Becher zu trinken.

Mit zehn Monaten verstehen sie einige Wörter und beginnen, Lieder zu erkennen. Mit einem Jahr bewegen sie sich rhythmisch zur Musik und sprechen erste kleine Worte. Diese haben meist mit starken Sinneserfahrungen zu tun:

Friedlich und sicher an Mamas Körper schlafen

Mama, Papa, nein, da, au, mhm, heiß, Licht, Ball, Wauwau, gaga, Auge, Mund, Bauch. Der passive Wortschatz ist schon jetzt viel größer als ihr aktiver. Sie erweitern ihren Wortschatz enorm schnell und wenden mit zwei Jahren „Ich" an. Sie können deutlich machen, was sie wollen oder nicht, sie verstehen ein „nein" und testen, ob es ernst gemeint ist.

Die Gedächtnisleistung nimmt rasant zu. Das acht Monate alte Baby findet versteckte Gegenstände wieder, weil es weiß, dass Dinge, die es nicht sieht, dennoch nicht verschwunden sind (Objektpermanenz). Dies ist ein wichtiger Sprung in seiner kognitiven Entwicklung.

Zugleich mit der Erkenntnis, dass Dinge verschwinden können, erkennt es, dass auch die wichtigsten Menschen weg sein können – damit wächst die Trennungsangst. Ab sechs Monaten binden sich Babys fest an die ihnen vertrauteste Person. Wenn sie diese nicht sehen, reagieren sie nun manchmal voller Angst.

Mit acht Monaten versucht das Baby, sich mit einem Gegenüber auseinanderzusetzen, z.B. die Kontrolle über sein Gegenüber zu haben. Fängt ein unbekannter Erwachsener an, es zu fixieren, kann es durchaus in lautes Gebrüll verfallen. Auf dem Arm der Mutter gehalten, kann es durchaus sein, dass sie den Fremden aus der sicheren Entfernung anlächeln. Diese „Achtmonatsangst" entsteht mit dem Einsetzen größerer motorischer Möglichkeiten, sich von der Bezugsperson zu entfernen. Jeder Erkenntniszuwachs von der Größe der Welt wird begleitet von Angst: Diese hindert uns daran, uns zu weit vom Vertrauten zu entfernen und uns damit Gefahren auszusetzen. In dieser Phase kann das Kind sogar vehement die Mutter dem Vater vorziehen, so dass dieser sich abgelehnt und verunsichert fühlt. Manche Kinder müssen sich erst stärker versichern als andere, dass die Mutter bei ihnen bleibt, auch wenn der Vater sie für eine Weile betreut.

In dieser ersten Phase eines Bewusstseins von möglicher Trennung üben Kinder, spielerisch mit der Angst umzugehen: Sie lieben Guck-Guck-Spiele.

Auch das Schlafenlegen erleben die meisten Kinder jetzt als unangenehme Trennung. Fast alle Kinder melden sich mehrfach in der Nacht, einige bekommen Schlafprobleme. Für Eltern kann es schwer sein, dies als eine vorübergehende Phase anzunehmen. Sie leiden erheblich mit. Der innere Konflikt zwischen dem Erkundungswunsch und der Angst eines Kindes, den sicheren Hafen der Eltern zu verlassen, ist typisch für dieses Alter und kann sich sehr unterschiedlich zeigen. Das Temperament des Kindes – ob draufgängerisch oder sehr schüchtern – wirkt sich besonders stark in einer fremden Umgebung aus. Kinder brauchen dann besonders viel Geduld und Verständnis der Bezugspersonen, um sich sicher zu fühlen.

Vor allem aber beginnt mit acht Monaten auch ein Jahr begeisterter Erforschung und intensiver Gefühle. Alles ist aufregend.

Verstehen und Kooperationsbedürfnis

Unermüdlich über ein ganzes Jahr üben Babys, die Schwerkraft zu überwinden, und sind überglücklich, wenn sie es endlich geschafft haben.

Wenn das neun Monate alte Kind sich aus der Bauchlage über die Seite zum Sitzen hochschraubt und so ein Zeugnis von der Überwindung der Schwerkraft gibt, erfüllt es auch die Eltern mit Stolz. So perfekt sind wir in Beziehungen zu anderen und zu unserer Körperbeherrschung nur im ersten Lebensjahr! Die Wissbegier ist stärker als die Schwerkraft! Das Kind lernt, sich und seinen Körper auf die Umwelt abzustimmen. Es versucht, die Gegenstände gut zu kontrollieren, sie jeweils in ihren Eigenarten kennenzulernen und zu be-nutzen.

Die Welt umarmen und erobern wollen

Etwas zugespitzt gesagt: Das Einjährige zieht an Steckern und wirft Gegenstände laut polternd fort, weil es etwas über die Dinge erfahren will. Das Zweijährige zieht an Steckern, weil es etwas über das Verhalten seiner Bezugspersonen erfahren möchte.

Das freie Laufen führt zu einem Schub von Glückshormonen. Wenn uns einjährige Kinder mit hochgestreckten Ärmchen und breitbeinig förmlich entgegenstürzen, sehen sie aus, als wollten sie die Welt erobern. So ist es auch. Kein Raum, keine Schublade, kein technischer Gegenstand ist vor ihnen sicher. Mit Begeisterung und Getöse schieben sie Möbel durch das Zimmer, tragen Eimer und Putzzeug und „arbeiten" gern mit.

Einjährige wollen wie die Mutter sein, wenn sie ihre Zähne putzt, sie füttert, sie kämmt, wollen sie imitieren. Häufig benutzte Gegenstände wie Handys und Schlüssel interessieren auch die Babys am meisten. Sie wollen auf der Straße selber laufen, aber in ihre eigene Richtung. Sie sammeln alles Interessante wie Steinchen, Käfer, bunte Scherben und tragen ihre Schätze heim. Sie räumen interessante Packungen im Supermarkt aus und laden sie in den Einkaufswagen. Sie wollen vieles, was sie noch nicht aussprechen können oder haben dürfen, und können dann sehr verzweifelt sein. Vor allem aber wollen sie ernst genommen und einbezogen werden.

Mit 18 Monaten ist die sensomotorische Reifung weitgehend abgeschlossen und macht Platz für den nächsten großen kognitiven Entwicklungssprung.

Für Eltern sieht es so aus, als sei aus ihrem kleinen Baby plötzlich ein willensstarkes und schwer zu bändigendes Kleinkind geworden. Es versteht sprachlich jetzt immer mehr und äußert sich in Zwei- und Dreiwort-Sätzen.

Es möchte seine Umwelt kennen und beeinflussen. Die wichtigste Orientierung sind ihm jetzt die Reaktionen seiner Bezugspersonen. Wie gesagt: Im zweiten Lebensjahr zieht es an Steckern, weil es etwas über das Verhalten der Menschen erfahren will! Es möchte die Gefühle kennenlernen, die es auslösen kann, indem es systematisch überprüft, in welchem Ausmaß seine Wünsche von denen der Außenwelt abweichen.

Die Kinder erleben den schrecklichen Konflikt zwischen dem Bedürfnis, die Reaktionen ande-

Selbst trinken mit Mamas Hilfe

rer Menschen zu erforschen, und dem Bedürfnis, glücklich mit ihnen zusammenzuleben. Sie haben keinesfalls die Absicht, ihre Eltern zur Verzweiflung zu bringen. Im Gegenteil: Am besten lässt sich ein Kleinkind von seinem unerwünschten Vorhaben abbringen, wenn wir es zum gemeinsamen Tun auffordern. Denn das

ment) und machen dann ihre Angebote wie auf einem Basar, bis sie eine Einigung erzielen.

Selbstbewusstsein und Urvertrauen

Mit 18 Monaten hat das Kind ein Bewusstsein seiner selbst. Der Spiegelversuch zeigt dies: Bis zum Alter von zwölf Monaten erkennt das Kind

Vieles will entdeckt ...

gibt es nur beim Homo sapiens: Nur der Mensch möchte so gern kooperieren, dass er dafür eigene Bedürfnisse zurückstellen kann. (→ S. 22 f.) Kinder in diesem Alter handeln mit Erwachsenen häufig Bedingungen aus. Wie der Forscher Daniel Stern (1993) herausfand, stimmen sie sich erst im Gespräch aufeinander ein (affect attune-

im Spiegel die Mutter und ein anderes Kind: Es sucht hinter dem Spiegel das andere Kind. Wenn man einem Zweijährigen einen roten Tupfer auf die Nase schminkt und es vor den Spiegel setzt, erkennt es sich selbst und betastet seine geschminkte Nase.

... *und untersucht werden ...*

Erst wenn das Kind sich im Spiegel selbst erkennt, ist es zum Erkennen des anderen und seiner Absichten wirklich fähig und entwickelt eine „theory of mind" oder die Fähigkeit zur Empathie.

Mit zwei Jahren benutzt es Wörter wie „ich", „mein", „mich" und entwickelt sein Selbst. Doch das Selbstbewusstsein schwankt zwischen Stolz, omnipotenten Fantasien und Ängsten. Das Kind entwickelt eine starke innere Vorstellungskraft, das „magische Denken". Mehr denn je ist es in diesem Alter emotional auf seine Eltern angewiesen, um herauszufinden, wer es ist. Wenn die Eltern es respektieren, lernt es, sich selbst zu respektieren.

Die meisten Kinder haben immer Lust am Lernen. Und zugleich ist es weiterhin so, dass das Aufsuchen neuer Räume Angst auslösen kann. Ängste, Kampf um Selbstbestimmung und Rückschläge gehören zur Entdeckung neuer Welten dazu. Vielen Menschen bereitet Lernen Unbehagen, weil die Angst vor dem Neuen überwiegt. Lieber behalten sie Gewohntes bei – selbst wenn es sie negativ beeinflusst. Manche Eltern neigen dazu, ängstlich ihre Kinder vor dem Erforschen zurückzuhalten. Dabei ist es eine große Freude, neugierigen Kindern beim spontanen Spiel und der Eroberung neuer Räume trotz anfänglich ängstlichem Zögern zuzuschauen und zu erleben: Die neu gewonnenen Erfahrungen machen das Kind letztlich sicherer.

Je verlässlicher die Bindungserfahrungen sind, desto besser kann sich Urvertrauen entwickeln als eine Fähigkeit, sich selbst bei Gefahr, in Momenten des Zögerns und der Angst Trost zu holen durch ein Foto, einen Talisman, die Stimme am Telefon und auch ein Übergangsobjekt: Ein zerfetztes Schnuffeltuch, ein löchrig geliebter Bär kann zum unentbehrlichen Pfand für die nicht anwesende Bindungsperson werden. Wenn das Kind gelernt hat, selbstwirksam zu sein, findet es kreative Lösungen, die Angst in Schach zu halten.

Spielen

Spielen ist die lustbetonte zweckfreie Handlung des Kindes, in der es seiner Entwicklung entsprechend sich neue Erkenntnisräume erschließt. Das Kind übt spielerisch Verhalten ein, um es anwenden zu können, wenn es „ernst" wird. So übt z. B. der Fötus vor der Geburt spielerisch und lustvoll das Saugen, um es dann einfach zu können, wenn er nach der Geburt saugen und trinken muss.

Spielerisch üben Kinder den ganzen Tag. Doch das bewusste Nachahmen und kleine Rollenspiele beginnen erst im 2. Lebensjahr. Erst dann spielt das Kind wirklich mit anderen Kindern. Doch zum Lernen durch Nachahmung bevorzugt es geduldige, einfühlsame Erwachsene. Es versucht sich an schwierigen Aufgaben wie Hände waschen, Kritzeln, Schneiden, beim Kochen helfen, anziehen. Es wird motorisch immer geschickter. Es kann Treppen steigen, klettern, rutschen, schaukeln, rollern, Ballspielen, Türme bauen … Jetzt ordnet es auch die Steine horizontal an, baut gern Dinge in Reihen auf. Es liebt Sortieren und Kategorisieren. Es hat einen großen Sinn für Ordnung und häufig genaue Vorstellungen, wie etwas zu sein hat. Daraus entstehen mitunter Konflikte, die für alle schwierig sind. Eltern ihrerseits lernen dazu, dem Kind durch liebevolle Geduld und Klarheit zur Selbstkontrolle zu verhelfen.

Starke Gefühle: Scham, Mitgefühl, Wut

Zweijährige Kinder erkunden mit Interesse ihren eigenen Körper. Ein kleiner Ratscher, der mit einem Pflaster versehen wurde, ist noch wochenlang Thema. Die Beschäftigung mit seinen Ausscheidungen wird je nach Familienkultur unterschiedlich wahrgenommen. Manche Kinder finden es sehr spannend, sich auf ein Töpfchen zu setzen und zu schauen, wie ihr Pipi aussieht. Andere Kinder finden es unheimlich, dass ihr Körper etwas produziert und dieser Teil von ihnen mit der Toilettenspülung verschwinden soll. Sie bestehen darauf, eine Windel an-zuziehen, und hocken sich in die Ecke, um ihr großes Geschäft zu erledigen. Es macht ihnen Angst, dass etwas aus ihrer Kontrolle gerät. Einige Kinder vermeiden die Toilette aus Angst, ihren Körperinhalt zu verlieren. Auch der Kinderarzt wird häufig Zeuge des Schamgefühls der Zweijährigen. Sich auszuziehen und untersuchen zu lassen, gelingt nur unter größtem Protest. Sobald die Kinder wieder bekleidet sind, scheint alle Aufregung vorbei zu sein.

Verletzungen Anderer können einen Zweijährigen mindestens so zu Nachfragen anregen wie das eigene Pflaster. Sie beginnen, sich um ande-

Erziehungskunst heißt, das Maß zu finden

Hierbei kommt den Bezugspersonen des Kindes große Verantwortung zu, da das Heranwachsen eines Kindes für sie bedeutet, mit zu wachsen und ebenso wie ihr Kind eine große Lernbereitschaft aufzubringen, um die Signale ihres Kindes richtig deuten zu können.

Je sicherer sich ein Kind gebunden fühlt und weiß, umso besser gelingt seine Selbständigkeitsentwicklung und seine Lernbereitschaft – nicht nur in kognitiver, sondern vor allem auch in sozialer Hinsicht. Angemessenes feinfühliges und promptes Verhalten der Bezugspersonen verhilft den Kindern zur Selbstregulation und führt nicht zur Verwöhnung. Auf dem Boden einer verbindlichen, zuverlässigen und durch Rituale gefestigten Beziehung entwickeln sich Kleinkinder in einem ihnen angemessenen Tempo und erwerben das Fundament zu einem guten Selbstbewusstsein, das durch das ganze Leben trägt.

Gerald Hüther (Hüther/Nitsch 2010) nennt vier Kernkompetenzen für eine gute Entwicklung besonders in den ersten drei wichtigen Jahren: Vertrauen, Begeisterung, Aktivität, Verantwortung. Diese Kompetenzen entwickeln sich, wenn die Geborgenheit und der Forscherdrang im Gleichgewicht stehen. Charmant und humorvoll führt uns das der Film „Ein Leben beginnt" (s. Anhang) vor.

So tastend und ergreifend und im Miteinander auf die Welt zuzugehen, ist uns allen in die Wiege gelegt. Demgegenüber liegt schon im Wort Erziehung ein großer Irrtum. Wir Erwachsenen müssen nicht die Kinder aus dem dunklen Erdreich ans Licht ziehen. Ihr Keim ist so angelegt, dass sie sich mit der richtigen Versorgung, mit Geborgenheit, Zuwendung, sozialer Anerkennung und Lernmöglichkeiten zu selbständigen glücklichen Menschen entwickeln können.

Kinder entwickeln sich gut, wenn Erwachsene ihren Möglichkeiten Zutrauen schenken und ihnen genügend Freiräume zur Verfügung stellen. Das Ziel der Edukation, der Pflege der uns anvertrauten Kinder, besteht darin, das Kind, solange es von Erwachsenen abhängig ist, so gut es geht zu beschützen und so früh es geht, es seinen Entwicklungsmöglichkeiten entsprechend in seiner Eigenständigkeit, seiner Individualität zu fördern. Glücklich sein bedeutet Wohlbefinden, Ausgeglichenheit und Übereinstimmung mit den eigenen Bedürfnissen und Interessen.

Erfolgreiches Lernen ist nur möglich ohne Angst und mit Lust, von Hirnforschern auch „motivationales System" genannt. Sich und die Welt ganzheitlich zu erfahren, ist die Basis für alles.

Das zwei- und dreijährige Kind braucht zur Orientierung die aufmerksame Zuwendung durch seine Bezugspersonen. Dieser Zugewandtheit vergewissert es sich, indem es gern am Rockzipfel hängt oder auf den Arm möchte. Erst mit drei Jahren hat es ein Bewusstsein seiner Selbst und kann damit sicher in die Welt hinauszutreten.

re Menschen zu kümmern, so wie sie es an sich erlebt haben. Wenn jemand weint, trösten sie ihn. Wenn der Andere nichts hat, können sie teilen und abgeben.

Immer wieder treten Situationen auf, in denen sie heftig reagieren, wenn es nicht nach ihrem Willen geht, und in denen sie sich immer weiter in eine Wut hineinsteigern, bis sie sich nur noch überfordert fühlen. (Lesen Sie dazu mehr im nächsten Abschnitt.)

Eltern sind auch jetzt wieder herausgefordert, Vertrauen in die Entwicklungskräfte des Kindes zu setzen. Dann können sie im Tun des Kindes erkennen, dass es etwas für wichtiger hält als sie vermuteten.

Große Gefühle kleiner Menschen
(von Gudrun Schulz)

Das Leben mit einem Kleinkind ist eine besondere Herausforderung für seine Erwachsenen. Die Kleinen zeigen eine atemberaubende Intensität der gesamten Palette der Gefühle: Sie können herzerwärmend mitfühlend und ansteckend fröhlich sein und dann wieder tief verzweifelt und zornig. Für die Großen ist es manchmal nicht ganz leicht, darauf passend zu reagieren. Zweijährige können auf Vieles aufbauen: die bisher gemachten Lebenserfahrungen, die bereits erworbenen Fähigkeiten und Fertigkeiten, die sie in Auseinandersetzung entwickeln mit den Bedingungen in ihrer Familie und in der Kita, geleitet durch ihre speziellen Interessen und in ihrem persönlichen Tempo, das auch durch innere Reifungsprozesse bestimmt wird. Das führt zu einer neuen Entwicklungsstufe – der Autonomiephase. Mit ca. 24 Monaten erreichen sie einen Grad an Selbstständigkeit und Selbst-Bewusstheit, der ihnen erste Schritte der Loslösung aus der Abhängigkeit von den Erwachsenen ermöglicht. „Durch die wachsende Selbst-Entwicklung des Kleinkindes entsteht automatisch ein starker Eigensinn." (Haug-Schnabel / Bensel 2005, S. 71)

Den Beginn dieses Lebensabschnitts erleben Eltern häufig wie eine kleine Revolution. Ihr bewährtes Erziehungsverhalten scheint nicht mehr zu funktionieren. Der Tagesrhythmus verändert sich, das Kind schläft zu anderen Zeiten, klettert eigenständig aus seinem Bett heraus und will vie-

Heidi spielt mit ihrem kleinen Bruder

les allein machen, ohne es schon wirklich zu können. Nichts ist vor seinem Forschungsdrang sicher. Man kann es keine Minute aus den Augen lassen. Es hüpft vergnügt mit Sandalen in die Pfütze, ohne sich um die nassen Füße zu kümmern, und tritt kreischend nach uns, wenn wir es davon abhalten wollen. Es läuft lachend weg, wenn es angezogen werden soll, oder reißt sich mit einer schnellen Bewegung die Strumpfhose von den Beinen, die wir ihm gerade unter Mühen übergestreift haben. Das Kind bekommt unvermittelt einen heftigen Wutanfall. Es schreit, schmeißt sich auf den Boden, schlägt wild um sich. Das bis dahin friedliche Wesen zieht plötzlich andere Kinder an den Haaren, beißt sie, schubst sie um, entreißt ihnen Spielzeug und schreit: „Mein! Haben!" Es wird zornig, wenn wir seine, noch recht ungeschickten Bemühungen, etwas selbst zu machen, korrigieren. Genauso unleidlich kann es werden, wenn wir seiner Aufforderung, den Wind auszuschalten, der ihm im Buggy sitzend unangenehm ins Gesicht pustet, nicht nachkommen (können).

Bei Tisch will es sich mitteilen und verlangt nach unserer Aufmerksamkeit. Es ist nicht mehr mit dem zufrieden, was wir an Speisen aufgetragen haben, sondern fordert Dinge nach seinem Geschmack ein: „Maxi Wurst haben!"

Viele Erwachsene empfinden ähnlich wie diese Mutter: „Da ist man froh, dass sie größer werden, selbstständiger ... Aber sie werden auch wählerischer, wollen sich nicht helfen lassen ... nicht beim Essen ... nirgends. Und dann diese ständigen Proteste gegen alles und jedes. Gut, sie müssen sich ja nicht alles gefallen lassen, sich komplett anpassen. Das will ich ja auch nun nicht." (Rogge 2004, S. 30 f.)

> **Dieser Geist, der da stets verneint,
> macht einen schon fertig**

Das Selbstständigkeitsalter wird gelegentlich noch mit dem Begriff Trotzphase bezeichnet. Da-

bei stellt sich die Frage, ob die Kinder oppositionelles Verhalten zeigen oder doch eher die Erwachsenen, wie etwa der dänische Familientherapeut Jesper Juul meint. „Die Kinder werden selbstständig, und die Erwachsenen werden trotzig" (Juul 1997, S. 23) und lehnen sich gegen viele Ansinnen ihrer Kinder auf.

Deutlich wird, dass es sich um ein Beziehungsgeschehen zwischen den Kindern und ihren wichtigsten Bezugspersonen handelt. Zweijährige sind expressiv in ihrem Gefühlsausdruck. Sie leben intensiv den gegenwärtigen Moment und ihre Emotionen: sowohl ihre Freude, die sie oft mit tanzähnlichen Bewegungen, einer jauchzender Stimme, plötzlichen Umarmungen und nassen Küsschen zeigen, als auch ihren Schmerz, ihre Traurigkeit, ihre Verzweiflung und ihren Zorn.

> **Gefühle und Stimmungen werden
> mit dem ganzen Körper und häufig
> mit voller Stimmkraft ausgedrückt**

Wenn das nach Selbstbestimmung strebende Kind auf die Grenzen des eigenen Könnens oder auf die Grenzsetzungen seiner Bezugspersonen trifft, bauen sich starke Empfindungen in ihm auf. „Mit dem Gefühl, dass ihm alle Bemühungen nichts nutzen, wächst seine Erregung und auch seine negative Spannung und Frustration, die sehr schnell einen Punkt erreicht, an dem sie unerträglich wird und ein Ventil sucht. Und die einzige Möglichkeit zur Entladung, die dem Kind in diesem Alter zur Verfügung steht, ist der Ausdruck von Enttäuschung, Wut, Ärger und Aggression." (Kasten 2005, S. 152)

Das Verhalten der „wilden Zarten" ist nicht nur hochemotional, sondern auch sehr wechselhaft. Es schwankt häufig zwischen „Größenwahn" (Ich bin groß, kein Baby mehr, kann alles allein!) und Säuglingsverhalten (Ich fühle mich klein und hilflos, mir gelingt nichts, nimm mich auf den Arm, versorge mich!) Dabei bewegt es sich zwischen den Polen Autonomie (Ich brauche

Freiheit zum eigenständigen Handeln, erkennt meine Selbstständigkeit an) und Sicherheit (Ich brauche Nähe, zeigt mir, dass ihr für mich da seid, mich wahrnehmt und unterstützt, damit ich mich nicht verloren fühle).

Das Zusammensein mit Kindern, die ihren eigenen Willen entdecken, ist eine anspruchsvolle und herausfordernde Aufgabe für Erwachsene. Sie ist gekennzeichnet durch vielfältige Wechselwirkungen zwischen den Erziehenden und dem Kind. Das Verhalten des Kindes lässt sich nicht losgelöst sehen vom Verhalten des Erwachsenen und umgekehrt.

Die Heftigkeit und Dauer, mit der die Kleinen ihre Gefühle ausleben, wird einerseits von ihren Vorerfahrungen und ihrem Temperament bestimmt und andererseits essentiell von der Reaktion der Erwachsenen auf diese Emotionen beeinflusst. Verantwortlich für die Ausgestaltung und Qualität, für das Beziehungsklima des Erziehungsprozesses, sind die Erwachsenen, also die Eltern und die betreuenden pädagogischen Kräfte.

Die Selbstständigkeitsentwicklung – eine Reise auf stürmischer See

Kinder dieser Entwicklungsstufe brauchen uns Erwachsene als ganze Person, mit voller Präsenz! Sie benötigen unser innerliches und äußerliches Zugegensein, damit wir ihnen sowohl ein hilfreiches Maß an Freiheit, als auch an Sicherheit und Orientierung bieten können.

Erziehung per „Fernbedienung", bei der wir im Sessel sitzend aus der Distanz Anweisungen geben, (Nein, lass das, nicht die Blumen abreißen, nicht hauen!) funktioniert nicht. Die Kinder benötigen uns nah bei sich, im engen Kontakt.

> Kinder brauchen uns
> als freundlich zugewandte zuverlässige Vorbilder,
> die gleichzeitig Halt geben und „Halt" sagen.

Eltern und ErzieherInnen fungieren in dieser Zeit, bildlich ausgedrückt, zugleich als Lotsen *und* als sicherer Hafen.

Manchmal lassen sich spielerisch Spannung und Wut ausagieren

Als *sicherer* Hafen, geben sie dem Kind die Gewissheit, bei ihnen grundlegenden Schutz zu erhalten. Im Beziehungs-Hafen wird das Kind seetauglich gemacht für seine Entwicklungsreise zum Ich. Auf der Basis einer sicheren Beziehung und Bindung, kann es sich hinauswagen, den Hafen verlassen und seine Eigenständigkeit erproben, wohl wissend, dass es jederzeit zurückkehren kann, wenn ihm die See zu rau wird.

Als erfahrene LotsInnen behalten die Erwachsenen Überblick und Weitsicht. Sie kennen sich aus auf dem Meer der großen Emotionen. Sie meistern gefährliche Fahrwasser, wissen um die Bedeutung von Ebbe und Flut, von Spannung und Entspannung und geleiten das Kind sicher durch die Gefühlsstürme, die es immer wieder erlebt.

Um diesen Aufgaben gerecht zu werden, ist es hilfreich, einige der Entwicklungen zu kennen, die zu den großen Gefühlen der kleinen Leute führen.

Was tut sich im dritten Lebensjahr: Hintergründe für große Gefühle

Die Zwei jährigen nehmen sich als eigenständige Person wahr. Sie erkennen sich im Spiegel, wissen ob sie Mädchen oder Junge sind, benutzen zunächst ihren Namen und später das Wort Ich, um von sich zu sprechen. Sie erleben sich als wirksam Handelnde, als Schöpfer von Produkten und Ereignissen. Daher legen sie großen Wert darauf, Dinge selbst zu erledigen. Sie möchten das Gefühl genießen: Ich selbst habe das aus eigener Kraft geschafft! Die Forderung der Kinder – *allein* machen! – ist deshalb häufig zu hören. Fühlen sich die Kinder, in ihrem Autonomiewunsch zu stark eingeschränkt, werden sie lautstark protestieren.

Erwachsene können auf diese Entwicklung reagieren, indem sie dem Kind möglichst viele Gelegenheiten einräumen, selbstständig zu handeln und an Erwachsenentätigkeiten teilzuhaben.

Kinder dieser Altersgruppe lieben es zu helfen. Sie hängen begeistert mit Papa zusammen die Wäsche auf, schütten Zucker und Backpulver in den Kuchenteig, helfen bei der Fahrradreparatur. Wenn Kinder eine Aufgabe selber übernehmen, brauchen sie dafür länger als routinierte Erwachsene. Es bewährt sich, wenn Eltern und PädagogInnen dem Kind diese Zeit einräumen und bspw. zehn Minuten mehr einplanen, damit das Kind sich allein die Jacke anziehen und den schwierigen Reißverschluss bewältigen kann

Ich bin ich und habe eigene Pläne

Auch auf der psychischen Ebene gibt es Neuerungen, bedingt durch Gehirnreifungsprozesse. Die Kleinen erlangen die Fähigkeit, eigene Pläne zu schmieden und an ihnen festzuhalten. Sie lassen sich nicht mehr so leicht von ihren Vorhaben ablenken wie jüngere Kinder. Haben die Erwachsenen andere Absichten, äußern die Kinder nun deutlich ihre Meinung und versuchen ihr Möglichstes, um diese durchzusetzen: „Nein! Will nicht!". „Nicht einkaufen – spielen!"

Das Kind reagiert sensibel auf die, aus seiner Sicht meist unverständliche und abrupte Unterbrechung seiner Tätigkeit. Mit seinen wütenden Protesten, die Eltern oft als Verweigerung und Ungehorsam empfinden, drückt es seinen Wunsch aus, sich weiter in sein Vorhaben vertiefen zu können. Das Kind hat gute Gründe, sich gegen die Unterbrechung zu wehren. Es entwickelt nämlich in dieser Lebensphase die Fähigkeit, sich auf eine Sache zu konzentrieren. Eltern und ErzieherInnen können diesen sehr wichtigen Prozess unterstützen, indem sie dafür sorgen, dass das Kind möglichst wenig in seinen Spieltätigkeiten unterbrochen wird und häufig seinem eigenen Rhythmus folgen kann.

Der „Trotz" des Kindes gegen die Unterbrechung seines Tuns kann uns Erwachsene anregen, bewusst für weniger Programm und mehr Freiräu-

Es kommt entscheidend darauf an, wie wir tun, was wir tun. Der Ton der Erwachsenen macht die Musik und vermittelt dem Kind sehr unterschiedliche Botschaften. Ein Beispiel: Sie sind mit Ihrem Kind auf dem Spielplatz. Es bäckt konzentriert Kuchen im Sandkasten. Für Sie ist die Zeit gekommen, nach Hause zu gehen, um eine wichtige Arbeit zu erledigen. Sie teilen das Ihrem Kind mit. Es reagiert nicht und spielt weiter. Als Sie es erneut auffordern mitzukommen, schreit es: „Nein, will nicht!", beginnt wütend zu weinen und mit Sand in Ihre Richtung zu werfen.

Was tun?

Erste Variante: Da Sie dringend nach Hause müssen, schnappen Sie sich Ihr heulendes und tretendes Kind, setzen es mit einigem Kraftaufwand in die Karre. Dabei sagen Sie ihm laut und deutlich: „Hör auf rumzuflennen! Wir gehen jetzt nach Hause und damit basta!" Dann schieben Sie los.

Es war vermutlich nicht ihre Absicht, aber Sie vermitteln dem Kind mit Ihrer Wortwahl, dass seine Wünsche bedeutungslos sind. Sie teilen ihm außerdem mit, dass es bei Kummer und Enttäuschung nicht weinen soll.

Vermutlich wird Ihr Kind daraufhin noch lauter und noch wütender weinen. Sie fühlen sich zunehmend gestresst und versuchen es mit einer Drohung. Als auch das nicht wirkt, geben Sie ihm einen Klaps, um es „zur Vernunft zu bringen."

Ihr Kind hat aber schon vernünftig reagiert. Es hat versucht, seine Wünsche zu formulieren und an ihnen festzuhalten. Als ihm das nicht gelang, hat es altersgemäß mit Enttäuschung, Wut und Traurigkeit reagiert. Es fühlt sich verzweifelt, weil es nicht weiß, wie es sein Bestreben nach Autonomie mit seinem Bedürfnis, von Ihnen geliebt und anerkannt zu werden, in Einklang bringen kann.

Zweite Variante: Gleiche Ausgangssituation. Sie setzen Ihr Kind in die Karre und teilen ihm mit ruhiger Stimme mit: „Du bist jetzt wütend, weil ich bestimme, dass wir nach Hause gehen. Du möchtest noch auf dem Spielplatz bleiben. Ich muss aber nach Hause." Dann schieben Sie los und lassen Ihr Kind in Ruhe weinen, bis es sich beruhigt hat.

Mit Ihrem Verhalten haben Sie ausgedrückt, dass Sie die Führung und Verantwortung in dieser Situation haben (Ich bestimme, dass wir nach Hause gehen). Sie haben Ihrem Kind gleichzeitig gezeigt, dass auch seine Wünsche wahrgenommen werden (Du möchtest noch auf dem Spielplatz bleiben). Sie haben die Gefühle Ihres Kindes benannt (Du bist jetzt wütend ...). Sie haben Ihr Kind weinen und wüten lassen und seinen Zorn als berechtigten Ausdruck seiner Enttäuschung akzeptiert. Ihr Kind wird sich angenommen und respektiert fühlen, auch wenn Sie ihm in dieser Situation nicht geben konnten, wozu es Lust hatte.

me zu sorgen. Um zu lernen, mit sich selbst etwas anfangen und bei einer Sache zu bleiben, brauchen Kinder viel unverplante Zeit!

Selbstverständlich gibt es Vorhaben, die sich nicht aufschieben lassen – da muss eingekauft werden, weil die Geschäfte bald schließen, die Familie muss zum Zug, weil die Großeltern besucht werden ... Dann ist es hilfreich, wenn die

Kinder früh genug vorgewarnt werden, um sich darauf einstellen zu können.

Ich will alles und zwar sofort

Vorhaben, die dem Kind bedeutsam erscheinen, möchte es sofort umsetzen. Das resultiert dar-

Regelmäßig Zeit für die „Große" nehmen ▶

aus, dass Kinder im dritten Lebensjahr noch keine Zeitvorstellung haben. Sie verstehen nicht, was Erwachsene mit „nachher" oder „später" meinen. Angebote, ihren Wunsch zu einem anderen Zeitpunkt zu erfüllen, spenden daher keinen Trost. Für Zweijährige zählt die Gegenwart: Jetzt oder gar nicht! Vor diesem Hintergrund wird die Vehemenz, mit der sie um die Durchsetzung ihrer Ideen ringen, verständlich. Für sie geht es um alles oder nichts! Aus ihrer Sicht, ist das Scheitern eigener Pläne höchst dramatisch und existentiell.

Ich – Meins – Haben

Ihrem Selbst ordnen die Kinder auch Personen und Gegenstände zu. So entwickeln sie eine erste Vorstellung von Zusammengehörigkeit, Besitz und Eigentum. Meine Mama, mein Papa, meine Hose, mein Ball. Kinder dieser Altersstufe empfinden Gegenstände in ihrer näheren Umgebung, die ihnen gefallen, als zu ihrem Selbst gehörig. Sie sehen sie als ihren Besitz an, ordnen sie als „Mein" ein und fordern dementsprechend das „Haben!" oder verteidigen „ihr" Objekt: meins!

> Eltern befürchten, dass ihr Kind
> egoistisch und unsozial ist.

Eltern erschreckt dieses altersgemäße Verhalten gelegentlich, weil sie es fälschlicherweise für egoistisch und unsozial halten. Um ihr Kind nicht mit altersunangemessenen Erwartungen zu überfordern, ist es wichtig zu wissen, dass sich die Idee des „Mein" vor dem Konzept des „Dein" entwickelt. Die nicht einfach zu verstehenden Unterschiede zwischen Mein und Dein und die damit verbundenen Handlungen (abgeben, teilen, schenken), den konstruktiven Umgang mit Besitzkonflikten erlernen die Kinder schrittweise „im Laufe der weiteren Ausdifferenzierung ihres Selbst-Konzeptes während der nächsten Monate und Jahre." (Kasten 2005, S. 198) Sie benötigen dazu die einfühlsame Be-

gleitung durch Erwachsene, die ihnen vorbildhaft zeigen, wie man freundlich nach einem begehrten Spielzeug fragt, wie man ein Spielzeug, das einem entwendet wurde, ohne Anwendung von Gewalt zurückerobert und wie man mit den Gefühlen von Enttäuschung und Zorn umgehen kann, wenn man nicht sofort bekommt, was man möchte.

In anderen Situationen zeigen sich Zweijährige kooperativ und mitfühlend. Ihr Interesse gilt anderen Menschen und sie freuen sich über gemeinsames Spiel.

Sprache, Bewegung, Sauberkeit

Im Laufe des dritten Lebensjahres, erweitern sich passiver und aktiver Wortschatz und die grammatikalischen Kenntnisse. Damit können sich die Kinder zunehmend über Sprache verständigen. Dennoch gelingt es ihnen häufig nicht ausreichend, sich mitzuteilen. Wenn sie sich unverstanden fühlen, erleben sie sich als hilflos und ohnmächtig. Ein alterstypischer Ausdruck für diese großen Gefühle, besonders gegenüber anderen Kindern, besteht in Beißen, Schubsen, Haare ziehen (vgl. Schulz 2008). Häufen sich Erfahrungen des Nicht-Verstanden-Werdens, z. B. bei Kindern, die sich sprachlich langsamer entwickeln, kann sich das negativ auf das Selbstwertgefühl auswirken.

Ein Kind möchte mitspielen, kann das sprachlich noch nicht so vermitteln, dass es verstanden wird; es reagiert frustriert, wütend, versucht sich „ins Spiel zu hauen". Die anderen Kinder reagieren daraufhin mit noch mehr Ablehnung, was das Kind noch mehr enttäuscht: Um das Entstehen solch negativer Kreisläufe zu verhindern, sind einfühlsame Bezugspersonen mit ausreichend Zeit nötig! Dem beißenden und schlagenden Kind muss deutlich gemacht werden, dass diese Handlungen nicht erwünscht sind. Ein klares Nein ist nötig, reicht aber nicht aus, um dem Kind beizubringen, was es stattdessen tun soll. Versuchen Sie, das Kind möglichst eine Zeitlang nah zu begleiten (ihm gewissermaßen wie ein Schatten zu folgen), es aufmerksam zu beobachten, seine körpersprachlichen Signale und seine Redeversuche feinfühlig zu deuten und bei Bedarf für andere verständlich zu übersetzen. Das kann dem Kind helfen, seine sprachlichen und sozial-emotionalen Fähigkeiten zu erweitern, sich verständlich zu machen und sich in der Gleichaltrigengruppe angenommen zu fühlen.

Zur Unterstützung der kindlichen Sprachentwicklung ist der Dialog mit interessierten Erwachsenen zu Hause und in der Kita unentbehrlich. Kinder lernen Sprache dann gut, wenn viel mit ihnen gesprochen wird, wenn sie Bilderbücher vorgelesen bekommen, wenn sie eingeladen werden zu erzählen, wenn ihnen freundlich und aufmerksam zugehört wird.

Mit dem vollendeten dritten Lebensjahr, haben sich die meisten Kinder die Grundkenntnisse der Umgangssprache angeeignet und können in zusammenhängenden Sätzen sprechen. In den meisten Fällen lassen dann auch die hilflosen Attacken auf andere Kinder deutlich nach. Sprachlich zu beachten ist, dass „die Kinder noch ganz ins Hier und Jetzt eingebunden sind und nur selten einmal über etwas berichten, das nicht zu ihrer unmittelbaren Gegenwart gehört." (Kasten 2005, S. 196) Dazu fehlen Ihnen noch Zeitverständnis und Zeitbegriff. Mit Worten wie „gestern", „in zwei Stunden" oder „nachher" können sie noch keine konkrete Vorstellung verbinden und verstehen sie nicht. Das führt leicht zu Missverständnissen und Konflikten zwischen ihnen und den Erwachsenen.

Bewegung tut gut – Ruhe auch

Die Zwei- bis Dreijährigen können sicher frei laufen und dabei plötzlich die Richtung wechseln, von Absätzen hüpfen, auf einem Bein stehen, klettern, einen Ball werfen, ohne das Gleich-

Kinder verstehen Zeitangaben eher, wenn sie mit wiederkehrenden konkreten Ritualen verbunden sind. Zwei Beispiele: In zehn Minuten, wenn ich auf den Gong schlage, musst du aufhören zu spielen, dann gibt es Mittagessen. Um 16 Uhr, nachdem du deinen Zwieback gegessen hast, kommt Papa. Noch eine Empfehlung: Kinder dieser Altersstufe erlernen die Grundstrukturen der Sprache. Redewendungen und andere sprachliche Feinheiten sind ihnen noch nicht geläufig. Zweijährige nehmen alles wortwörtlich! Wundern Sie sich also nicht, wenn das Kind auf die freundliche Aufforderung, bei der Mahlzeit „kräftig reinzuhauen", mit der Hand in die Suppe schlägt! Es will Sie damit nicht provozieren! Es bemüht sich vielmehr, Ihnen Folge zu leisten. Sie helfen dem Kind und vermeiden Konflikte, wenn Sie sich möglichst unmissverständlich ausdrücken. Bitte kleiden Sie daher eine Aufforderung gegenüber Zweijährigen nicht aus Höflichkeit in Frageform. Geben Sie dem Kind eine klare sprachliche Orientierung. „Ich möchte, dass wir jetzt rausgehen. Ziehe dich bitte an!", statt „Wollen wir jetzt rausgehen?" Eine Frage bietet sich nur dann an, wenn sie auch als Frage gemeint ist und Sie sich auf die Antwort des Kindes einlassen wollen und können.

gewicht zu verlieren, und sie können das Dreiradfahren lernen.

Eltern und BetreuerInnen der Kinder sollten sich auf die Bewegungsfreude und das Bewegungstempo der kleinen Aktivisten einstellen. Sie brauchen vielfältige Bewegungsanreize, Platz zum Toben, Klettern, Rutschen und Schaukeln. Dabei sind sie von ihrer geistigen Entwicklung her noch nicht in der Lage, Gefahren (etwa im Straßenverkehr) vorherzusehen und Konsequenzen ihres Handelns zu bedenken. Beschneiden die Erwachsenen ihre motorischen Bedürfnissen durch zu wenig Platz oder zu viele Gebote, werden die kleinen Weltentdecker unzufrieden und quengelig. Ebenso führt zu viel unstrukturiertes, lärmendes Toben zu Unruhe, Überdrehen und Zappeligkeit der Kinder. Gerade in Krippengruppen brauchen sie die Hilfe von Erwachsenen, um sich zwischendurch zu sammeln, zu sortieren, auszuruhen. Ein Tagesrhythmus, in dem es regelmäßige Tobezeiten und auch leise Ausruhzeiten gibt, macht es ihnen leichter, eine innere Balance zu finden, und hilft große Gefühlsausbrüche zu minimieren, in denen sich motorische Unter- oder Überforderung ausdrückt.

Fingerfertigkeit

Die feinmotorischen Fähigkeiten von Zweijährigen sind meist so ausgeprägt, dass es ihnen gelingt viele kleine Alltagshandlungen recht geschickt, wenn auch noch lange nicht perfekt auszuführen. Sie können und wollen mit Löffel und Gabel essen, sich selbst etwas eingießen und aus dem Becher trinken. Es gelingt ihnen häufig, unkomplizierte Kleidungsstücke aus -und anzuziehen. Sie lernen, mit Stiften zu malen, größere Bausteine miteinander zu verbinden und einfache Puzzles zu legen. Je mehr Gelegenheit die Kin-

der bekommen, ihre grob- und feinmotorischen Fähigkeiten zu üben, je weniger sie für ihre altersgemäßen Missgeschicke getadelt werden, desto sicherer, geschickter und selbstbewusster werden sie.

Mit einer Rückenmassage geht die Sonne (wieder) auf

Frustrationen lassen sich jedoch nicht ganz verhindern und werden mit heftigen Gefühlsausbrüchen beantwortet. Ein zweijähriges Kind, das sich vorgenommen hat, Perlen aufzufädeln und daran scheitert, kann sehr verzweifelt darüber sein, es kann weinen und toben. Es braucht, wenn es sich etwas beruhigt hat, Zuspruch, Trost und in Kürze eine neue Gelegenheit zum Weiterüben.

Sauberkeit und Selbstständigkeit

Vielen Kindern – auch hier hat jedes Kind sein eignes Entwicklungstempo – gelingt es bis zum Ende des dritten Lebensjahres weitgehend, ihren Darm und ihre Blase zu kontrollieren und tagsüber sauber und trocken zu sein (vgl. Largo 2007). Auch in diesem Bereich vollziehen sie Schritte in Richtung mehr Eigenständigkeit und Loslösung aus der Abhängigkeit der sie betreuenden Erwachsenen.

Einige Kinder lieben es, auf dem Töpfchen zu sitzen, andere bestehen darauf, per Sitzverkleinerer, wie die Großen auf der Toilette zu sitzen. Diejenigen, die noch länger Windeln tragen, möchten sich groß fühlen und von kleinen Babys abgrenzen. Deshalb bevorzugen sie es häufig, im Stehen gewickelt zu werden. Ihre Selbstständigkeit beweisen sie dadurch, dass sie die alte Windel selbst öffnen, die neue eigenhändig zukleben und beim An- und Ausziehen viel selbst erledigen.

Viele energiefressende Kämpfe zwischen Erwachsenen und Kindern können vermieden werden, wenn die betreuenden Erwachsenen den kindlichen Wünschen nach Selbstständigkeit, in solchen und ähnlichen Alltagssituationen entgegenkommen und sie dem Kind dadurch signalisieren:

- ⊙ Ich nehme dich, in dem was du möchtest und nicht möchtest, wahr und ernst
- ⊙ Ich mag es, wenn wir zusammen sind, wenn du mitarbeitest und hilfst
- ⊙ Ich erkenne an, dass du schon vieles selber machen kannst

Grundausbildung im Umgang mit Gefühlen und Konflikten

Eine zentrale Bedeutung dieser Entwicklungsphase liegt im sozial-emotionalen Bereich. Das Kind erhält in dieser Zeit eine Grundausbildung im Umgang mit Konflikten und Gefühlen. Was es nun über sich und die Welt, in der Interaktion mit Anderen lernt, ist elementar und hat nachhaltige Auswirkungen auf seine weitere Entwicklung. Auf Grundlage des in der Autonomiephase erworbenen Basiswissens, geht es sein weiteres Leben an.

Das Kind kann, vermittelt durch die einfühlsamer Hilfe seiner Eltern (und/oder anderer wichtiger Bezugspersonen) lernen, seine Gefühle zu erkennen, zu benennen, zu regulieren. Es kann lernen, Grenzen seiner Fertigkeiten auszuloten und damit verbundene Frustrationen auszuhalten. Die Grenzen anderer Menschen wahrzunehmen und sie zu achten, ohne seine eigene Integrität dafür aufgeben zu müssen. Dass es gut ist, eine eigene Meinung zu vertreten, auch wenn sie nicht immer Gehör findet. Mit starken Spannungen umzugehen, ohne Gewalt gegen andere oder sich selbst anzuwenden. Dass es anerkannt wird, wenn es eigene Vorhaben ausprobiert, dass es dabei Fehler machen oder auch einmal scheitern darf, ohne ausgelacht zu werden. Dass Konflikte lösbar sind, es auch nach Streitigkeiten gemocht wird und es keinen Liebesentzug fürchten muss, wenn es Wut, Schmerz oder Trauer zeigt. Dass es in großer Verzweiflung nicht allein gelassen wird, sondern Hilfe bekommt. Es kann lernen, seine Gefühle zu kontrollieren, statt von ihnen kontrolliert zu werden.

Ein Kind kann sich diese Kompetenzen jedoch nicht allein aneignen. Es muss sie im Kontakt mit bedeutsamen Menschen erleben, denn: Wir lernen andere und uns selbst zu verstehen in dem Maße, in dem wir selber erfahren haben, verstanden zu werden.

Wenn Eltern oder auch pädagogische Fachkräfte in ihrer eigenen Kindheit während der Autonomiephase zu wenig Verständnis, Einfühlung, Verlässlichkeit und liebevolle Unterstützung er-

> *Ein Hinweis auf destruktives soziales „Erbgut" aus unserer Kindheit könnte sein, dass wir als Erwachsene ähnlich große Gefühle empfinden wie die Kleinen, dass wir bei Willensäußerungen der Kinder in bestimmten Momenten heftigen Zorn, große Gereiztheit und Ohnmacht empfinden, dass wir von diesen Gefühlen überwältigt werden und uns kaum in der Lage fühlen, sie herunterzuregulieren.*
>
> *Kommen solche Situationen gehäuft vor, besteht die Gefahr negativer Interaktionskreisläufe zwischen Erwachsenem und Kind. Die Unangemessenheit der Wut und der Forderungen der Erwachsenen, fördert heftige Protestreaktionen des Kindes, was wiederum die Gefühle von Hilflosigkeit und den Zorn der Erwachsenen steigert. Am Ende dieses Teufelskreises steht eine gestörte Beziehung, bei der sich das Kind als schlechtes Kind und die Erwachsenen als schlechte Eltern oder Pädagogen fühlen. Wir können im Nachhinein weder unsere Eltern noch unsere Erziehungserlebnisse ändern, aber wir sind auch nicht die Gefangenen der Erfahrungen unserer Kindheit. Wir können uns entscheiden, die Verantwortung für unser jetziges Handeln gegenüber Kindern zu übernehmen. Dieser Weg, bei dem wir uns unseren Schwächen stellen und uns Unterstützung organisieren, ist nicht immer leicht. Er ist jedoch lohnend, denn wir können dadurch bei uns und den uns anvertrauten Kindern Vertrauen statt Misstrauen, Respekt statt Unterordnung, Geborgenheit statt Angst, Liebe statt Hass fördern.*

halten haben, werden sie möglicherweise Schwierigkeiten haben, feinfühlig und angemessen, auf die großen Gefühle und die dahinter steckenden Bedürfnisse der Kinder im dritten Lebensjahr zu reagieren.

Kleines Kind – großer Gefühlssturm: Was tun?

1. Das Kind begleiten, schützen, unterstützen – bei ihm sein
2. Dem Kind Worte für seine Gefühle geben
3. Vorbild sein, ihm zeigen wie „Vertragen" geht, sich gemeinsam mit ihm entspannen.

Wenn Ihr Kind einen großen Gefühlsausbruch hat und wild um sich schlägt, bleiben Sie in Sichtnähe, aber in einiger Entfernung. So können Sie innerlich bei ihm sein, sein Tun genau wahrnehmen und ihm gleichzeitig genug Raum und Zeit geben, um mit seinen starken Gefühlen zurechtzukommen. Große Gefühle brauchen Platz!

Ihre Aufgabe besteht in diesem Augenblick darin, selbst möglichst entspannt und beherrscht zu bleiben, gelassen auszuhalten, dass es ist wie es ist und Ihr Kind gerade von heftigen Gefühlen geschüttelt wird.

Sie denken, das ist leichter gesagt als getan? Möglicherweise hilft Ihnen die Vorstellung, Sie seien eine Forscherin und hätten den Auftrag, eine neu entdeckte Art namens Kleinkind zu beobachten und deren rätselhaftes Verhalten in allen Einzelheiten genau zu beschreiben.

„Halt" sagen

Sorgen Sie dafür, dass der kleine Wut-Zwerg weder sich selbst noch andere verletzen kann. Alle Gefühle sind erlaubt, aber nicht alle Handlungen! Das gilt für Kinder wie für Eltern. Wenn das Kind nach Ihnen oder einer anderen Person tritt oder schlägt, verbieten Sie ihm das mit klaren Worten. Sagen Sie Halt. „Nein! Stopp! Das will *ich* nicht. Das tut *mir* weh!"

Stellen Sie Abstand zu dem tobenden Kind her, so dass es keine Person treffen kann. Sie können ihm außer dem *Verbot,* Menschen zu verletzen, auch eine *Erlaubnis* erteilen. So lernt es, was es statt des Verbotenen tun darf, um seine Emotionen zu bewältigen: „Nein, du darfst Menschen nicht treten und hauen – ja, du kannst deine Wut in dieses Polster oder Kissen schlagen; ja, du darfst diese alte Zeitung zerreißen; ja, du darfst ein riesiges Wutbild auf dieses Packpapier malen." So vermitteln Sie dem Kind wertvolles Handwerkszeug zur Gefühlsbewältigung und Gefühlsregulierung.

Halt geben

Während eines wilden Wut-Verzweiflungsanfalls wollen Kinder meistens nicht berührt, abgelenkt oder getröstet werden. Sie sind jetzt außer sich und nicht aufnahmefähig für Worte oder liebevolle Zuwendung. Warten Sie deshalb – äußerlich zurückhaltend und innerlich hellwach und präsent – geduldig ab (einige Kinder haben eine erstaunliche Kondition!), bis Sie bemerken, dass das Kind beginnt, sich allmählich zu beruhigen.

Seine Bewegungen werden weniger raumgreifend, seine Stimme wird leiser, das Kreischen und Brüllen geht in ein Weinen und Schluchzen über, eventuell schaut es Sie (vorsichtig, fragend) an. Diese Signale deuten darauf hin, dass das Kind jetzt bereit und in der Lage ist, wieder mit Ihnen in Kontakt zu treten. Nun können Sie es ansprechen und ihm zeigen, dass Sie für es da sind.

Helfen Sie dem Kind zu benennen, zu verstehen und einzuordnen was gerade passiert ist. Verleihen Sie seinen Gefühlen Worte. So bringen Sie ihm bei auszudrücken, was es in seinem Inneren erlebt und wofür es noch keine Sprache hat. Wer Worte für innere Empfindungen hat, kann seine Gefühle nach außen tragen. Das Kind *ist* dann nicht mehr das Gefühl, sondern es *hat* ein Gefühl, das es betrachten, mit dem es umgehen und das es handhaben kann.

Versuchen Sie, einfache Formulierungen für das Geschehen zu finden. Sagen Sie etwas in der Art wie: „Oh je, oh je – du warst ja gerade ganz schön wütend! Du hast dich wohl sehr geärgert, weil ich dir vor dem Essen keinen Keks geben will und du so gerne einen möchtest?!" Oder: „Ich glaube, du wolltest den Knopf allein zumachen und hast es nicht geschafft. Das hat dich wohl so wütend und traurig gemacht?"

Stellen Sie subjektive Vermutungen über die Emotionen des Kindes an und kennzeichnen sie mit Worten (Ich glaube …); beschreiben Sie das kindliche Verhalten, aber bewerten Sie nicht seine Person. Also: *Ich* glaube, du warst traurig, hast laut gebrüllt, den Teddy weggeschmissen und geweint, statt: Du warst ein böses Kind!

Dann machen Sie eine kurze Pause und beobachten, wie Ihr Kind reagiert. Hat es Sie gehört? Hat es mit seinen zornigen Bewegungen innegehalten? Hat es Sie angesehen und vielleicht sogar genickt? Wenn ja, dann bieten Sie ihm jetzt Trost an, gehen näher zu ihm hin, strecken ihm die Arme entgegen und beschreiben mit Worten, was Sie wahrgenommen haben: „Du hast ganz viel geweint und geschimpft, willst du jetzt auf meinen Arm?" Sehr wahrscheinlich wird das Kind, das vor kurzem noch wütend nach Ihnen getreten hat, sich jetzt erschöpft an Sie kuscheln. Sie können es streicheln, eine beruhigende Melodie summen, sich rhythmisch wiegen und gemeinsam entspannen.

Sie können stolz auf sich sein und den Moment der Verbundenheit mit dem Kind genießen. Sie haben ein liebevolles Nein ausgesprochen, das Kind durch die heftigen Wellen seiner Gefühle gelotst.

> Sie haben Ihrem Kind gezeigt,
> wie es sicher in ruhigeres Fahrwasser
> gelangen und seine Steuerungsfähigkeit
> wiedererlangen kann.

Durch wiederkehrende Erfahrungen dieser Art, lernt ein kleines Kind immer besser, seine unterschiedlichen Gefühle mit Worten statt mit dem ganzen Körper auszudrücken, es lernt sie zu verstehen, zu deuten und zu regulieren. Dabei braucht es ihr Vorbild, Ihre Erfahrung, Ihre zuverlässige Unterstützung.

Womit Sie noch rechnen müssen: Es gibt Kinder, die besonders ausdauernd sind. Kaum haben sie sich etwas erholt, nehmen sie einen neuen Anlauf. Deshalb könnte es passieren, dass das Kind auf Ihrem Schoß kuschelt und plötzlich fragt: „Keks?"

Wenn es nicht so gut läuft – und das ist sowohl von Ihrer Reaktion und Stimmung als auch der Laune des Kindes abhängig –, geht die Reise durch die Gefühle von vorne los, falls Sie dem Kind beispielsweise den Keks weiterhin verweigern. Sie können ihm eine Alternative zum Keks anbieten, vielleicht einen Apfelschnitz, oder Ihr Nein freundlich wiederholen. Möglicherweise lässt das Kind sich auf die Wahlmöglichkeit ein. Eventuell beharrt es jedoch auf dem Keks. Falls es zu einer zweiten Runde im Gefühlsparcours führt, stehen Sie dem zarten Wilden unverdrossen, wie beim ersten Durchgang, zur Seite.

Wenn es gut läuft, dann sind Sie in der Lage, herzhaft zu lachen, Ihr Kind zu knuddeln und freundlich lächelnd den Kopf zu schütteln. Nein, es gibt keinen Keks vor dem Essen. Du kannst einen zum Nachtisch haben oder jetzt ein Apfelstückchen essen. Wenn Ihr Kind dann auch lächelt und gut gelaunt von Ihrem Schoß hüpft, um zu spielen, seien Sie stolz auf sich und das Kind und streichen Sie sich den Tag im Kalender an.

Nach einer überstandenen Situation mit großen Gefühlen, kann es sehr hilfreich für Eltern (natürlich auch für Fachleute) und Kinder sein, gemeinsam ein Bilderbuch anzusehen, in dem große Gefühle behandelt werden. Sowohl Sie selbst als auch das Kind haben dabei die Gelegenheit, die überstandene Auseinandersetzung „zu verdauen", mit Abstand und Humor zu betrachten und Nähe miteinander zu genießen.

- **Schreimutter** von Jutta Bauer, thematisiert mit wenig Worten und eindringlichen Bildern das Wutgeschrei einer ganz normal unperfekten Pinguinmutter, samt der Wirkung auf ihr Pinguinkind sowie den Versöhnungs- und Heilungsprozess durch die spätere Entschuldigung der Mutter.
- Sehr empfehlenswert und vergnüglich sind die Bücher von Virginia Miller, in denen der kleine Bär Baba typisches Autonomiephasenverhalten zeigt und auf die Aufforderungen des großen Bären, ins Bett zu gehen, aufzuessen, das Töpfchen zu benutzen, hauptsächlich mit einem kräftigen „NEE!!!" reagiert. Die geduldigen, klaren, humor- und liebevollen Reaktionen von Vater Bär auf sein Nein-Sager-Kind bieten eine gute Orientierung für alle Erwachsenen, die mit Kindern dieser Altersstufe zu tun haben.

Große Zorngefühle von kleinen Kindern werden auch in folgenden Bilderbüchern behandelt:

- **Benny in der Spielzeugkiste** von R. Tulloch und Armin Greder
- **Anna und die Wut** von Christine Nöstlinger
- **Ich will aber nicht!** von Brigitte Kolloch/Elisabeth Zöller/Miriam Cordes, Geschichten vom Trotzigsein und Sich-Verstehen. Acht Geschichten für kleine und große Trotzköpfe

3
Das Kind sehen, verstehen und passend handeln
Eine kleine Übersetzungshilfe

In diesem Kapitel erfahren Sie etwas darüber,
- ⊙ wie ein kleines Kind ohne Worte deutlich macht, was es fühlt und braucht;
- ⊙ warum es gut ist, Stressreaktionen bei Kindern zu reduzieren
- ⊙ wie Sie Stress erkennen und dem Kind bei der Bewältigung helfen können

Das kleine Kind lebt immer ganz und gar in der Gegenwart. Es nimmt die Dinge und Menschen so wie sie sind und drückt seine Befindlichkeit unmittelbar in der Sprache des Körpers aus. Aus den vielen kleinen Erfahrungen, die es macht, bilden sich neuronale Muster, mit denen es seine Welt interpretiert. Viele Male am Tag wechselt sein Zustand zwischen Wohlbehagen und Missempfinden: Hunger erwacht und wird gestillt, Reize sind zu viel oder unangenehm und werden ausgeschaltet, dem Bewegungsdrang folgt Ruhe, das Alleinsein wird abgelöst durch Kontakt und Nähe.

Die Bewältigung dieser Übergänge ist eine ständige Aufgabe. Einiges davon kann es selbst erledigen – Fachleute sprechen dann von Selbstregulation –, für anderes braucht es die Hilfe seiner Erwachsenen. Dabei speichert es die grundlegende Erfahrung, dass es zum einen selbstwirksam ist (→ S. 16 ff.) und es im Notfall nicht alleingelassen wird. Sein Kohärenzgefühl entwickelt sich. Das ist ein vielschichtiges Geschehen, bei dem das Kind, seine nahen Bezugspersonen und äußere Umstände zusammenwirken.

- ⊙ Manche Kinder haben gute selbstregulatorische Fähigkeiten, sie wirken eher gelassen als aufgeregt, sind nicht schnell aus der Ruhe zu bringen. Andere sind sehr empfindsam, nehmen Reize von außen oder innen besonders intensiv wahr und können sich selbst weniger gut beruhigen.
- ⊙ Je nach Aufmerksamkeit und Feinfühligkeit der Erwachsenen lernt das kleine Kind eher, dass es oft allein zurecht kommen muss, oder es lernt, dass man sich auf andere verlassen kann, wenn man sie braucht.
- ⊙ Das gut regulierte Kind lernt daraus, dass es sich oft selbst helfen kann, auch wenn es anstrengend ist. Das weniger robuste Baby gerät öfter in Situationen von Angst und Hilflosigkeit, wird von Stress überwältigt.

Erwachsene und Kinder verhalten sich nicht gleichbleibend, sondern durchaus unterschied-lich, entsprechend ihrer aktuellen Befindlichkeit und der Situation. Das Entscheidende aber ist, wie dieser Erwachsene und dieses Kind in aktuellen Situationen passend miteinander agieren können. Gute Momente in der Gegenwart und jede Bewältigung einer kleinen oder großen Krise sind Bausteine für die Zukunft.

Eltern und ErzieherInnen reagieren häufig intuitiv richtig. Intuition setzt immer eine Sinneswahrnehmung voraus: Die Mutter sieht, dass das Baby das Gesicht verzieht, die Erzieherin hört, dass ein Kind weint. Die passende Reaktion basiert dann auf der Interpretation dieser Wahrnehmung. Wenig nützlich sind wertende Erklärungen wie „Das Kind will mich ärgern." Sinnvoller ist die Frage: Wie fühlt sich das Baby? Daraus lassen sich dann Maßnahmen ableiten, die zu den Bedürfnissen des Kindes passen. Wenn tatsächlich Aktionen aus Sicht der Erwachsenen stattfinden müssen, ist das Mitgefühl der Erwachsenen für das Kind unterstützend. Es kann dazu führen, dass die Mutter das Kind langsamer wickelt, weil ihm das besser gefällt, oder dass sie die ungeliebte Handlung sprachlich freundlich begleitet. *Ja, das gefällt dir jetzt nicht, dass ich dir den Pulli über den Kopf ziehe. Guck, schon vorbei! Geschafft!"*

Wie zeigt das kleine Kind, was es fühlt und braucht?

Die Sprache des Babys ist die Sprache des Körpers. Mit kleinen diskreten Signalen zeigt es, ob es angestrengt oder ruhig ist, ob es offen für Spiel und Unterhaltung ist oder ob es jetzt Ruhe braucht. Werden diese feinen Botschaften nicht wahrgenommen und passend beantwortet, und kann das Kind sich nicht mehr selbst regulieren, dann erst schreit das Baby und weint das Kleinkind. Das sind ihre altersgemäßen Mittel, um Hilfe zu bitten.

Die Sprache des Babys ist zunächst ungewohnt für Erwachsene: Sie ist so ganz ohne Worte, nur Körper und Mimik, und die Signale sind oft flüchtig. Die Spiegelneurone im menschlichen Gehirn ermöglichen es Menschen, Befindlichkeit und die Bedürfnisse eines anderen Menschen zu erkennen: Innerlich wird der Ausdruck des Kindes nachvollzogen, und so können wir mitfühlen, wie es ihm geht (Bauer 2009).

Das gelingt relativ leicht, wenn das Baby eindeutige Signale gibt, und es gelingt Eltern recht gut, wenn genügend ungestörte Zeit und Aufmerksamkeit zur Verfügung steht. Um eine neue Sprache zu lernen, muss man sie oft hören oder in diesem Fall: sehen, hören und fühlen. Wenn die erste Zeit nach der Geburt von Unruhe, Belastungen und Aufregungen überschattet ist, brauchen Eltern und Kinder manchmal etwas länger, um eine gemeinsame Sprache zu finden. Und weil ein Baby nur ein begrenztes Maß an Missverständnissen aushalten und nicht warten kann, bis die Großen endlich begriffen haben, was es braucht, steht ihm keine andere Möglichkeit zur Verfügung: Es macht sich mit ganzem Körper und lauter Stimme bemerkbar – es schreit.

Verhaltenszustände und ihre Botschaften

Das Verhalten von Babys wechselt zwischen fünf verschiedenen Zuständen: Wach (von aufmerksam bis angespannt), Dösen, Schlafen, Quengeln und Schreien. Eine Entwicklungsaufgabe des Babys liegt nun darin, sich darin zu üben, von dem einen Zustand in den anderen zu wechseln. Das nennt man dann geglückte Regulation. Auch für Erwachsene ist es manchmal schwer, aus dem Schlaf heraus aufzuwachen oder aus einer angeregten Stimmung heraus in den Schlaf zu finden. Das Baby lernt diese Kunst erst nach und nach, denn solange es im Mutterleib wohnte, war alles noch viel einfacher. Die Tage und Nächte, die Geräusche, die Bewegungen und die Nahrung: Alles kam und ging in einem stetigen Fluss. Die Zeit und der deutliche Wechsel der Zustände beginnen sich erst nach der Geburt herauszubilden. Der Atem, der Hunger und damit der Zeittakt und der klare Wechsel der Zustände kommen gleichzeitig mit dem Kind zur Welt. Und jedes Kind bringt andere Voraussetzungen mit, jedes hat ein anderes Temperament und andere Ausdrucksmöglichkeiten. Diese unterschiedlichen Verhaltenszustände sind gut von den Säuglingsforschern beschrieben worden (Largo, Papoušek, Als, Brazelton). Sie sind ebenso gültig für das Kleinkind, auch wenn dieses sich in den meisten Situationen schon besser selbst regulieren kann und sich dann auch zunehmend sprachlich verständlich macht. Sie „lesen" und verstehen zu lernen, ist eine spannende Aufgabe für alle, die mit einem kleinen Kind im Kontakt sind.

Wach – und aufmerksam

Die Augen des Babys sind offen, sie sie sind klar und verweilen konzentriert auf Ihrem Gesicht oder dem Spielzeug, das ihm angeboten wird. Das Interessanteste auf der Welt ist für ein kleines Baby das menschliche Gesicht, und es liebt den Klang der menschlichen Stimme. Eine Entwicklungsaufgabe in den ersten Wochen besteht darin, die Stimmen und die dazugehörigen Gesichter seiner nahen Umgebung wahrzunehmen und zu speichern. Es versucht, den Gesichtsausdruck zu imitieren und bringt es zu einem beachtlichen Repertoire an mimischer Akrobatik. Sein Körper befindet sich in einer guten Spannung, und das Kind drückt Freude und Interesse mit seinen Armen und Händen und auch durch ein Zappeln mit den Beinen und den Füßen aus. Das ganze Kind wirkt offen und bereit. Seine Botschaft lautet jetzt: *Ich bin bereit, schau mich an, sprich mit mir, spiel mit mir.* Jetzt ist die richtige Zeit für ein kleines Gespräch miteinander, für eine Massage, für ein Spiel mit den Händen und Füßen.

Wach – und nach innen gekehrt

Je jünger ein Kind ist, desto kürzere Zeit kann es wach und aufmerksam sein. Sein Gehirn ist zwar begierig darauf, Neues zu lernen, aber sein Aufnahmevermögen ist noch begrenzt. Es ermüdet schnell und braucht kurze oder längere Momente der Ruhe, in denen es die vorherigen Sinnesreize verarbeitet. Dann erst kann es sich wieder der Außenwelt zuwenden. Es wendet seinen Kopf zur Seite, der Blick wird verschwommen, der Körper weich. Zu Anfang braucht es schon nach wenigen Minuten eine Pause, später kann es mehr verkraften.

Seine Botschaft: *Bitte lass mich einen Moment in Ruhe, sprich mich nicht an, bleib einfach da, halte mich und warte, bis ich wieder bereit bin! Ich möchte gern mit dir spielen, aber jetzt muss ich eben mal spüren, was in mir los ist.*

Wach – und angespannt

Manche Kinder scheinen immer noch hungrig auf neue Reize zu sein, auch wenn sie eigentlich schon lange müde sind. Die Augen sind offen, manchmal starr, die Bewegungen sind ruckhaft und hektisch, es lässt sich nur kurz von einem anregenden Gegenstand oder vom Herumtragen und Schaukeln fesseln, dann wird es wieder unruhig – scheinbar muss etwas Neues her. Immer wieder wendet das Kind seine Aufmerksamkeit ab, manchmal versucht es, seine Überreizung dadurch zu beruhigen, dass es seine eigenen Hände und Füße berührt. Das Abspreizen der Finger ist ein besonders feines Signal für eine innere Anspannung.

Die Botschaft des Babys: *Bitte hilf mir, dass ich zur Ruhe komme, auch wenn ich selbst so tue, als ob ich noch ganz wach und neugierig wäre. Lass dich davon nicht täuschen. Ich brauche jetzt nicht mehr Unterhaltung, sondern Ruhe.*

Jetzt ist es Zeit, den Entschluss zu fassen, das Unterhaltungsprogramm herunterzufahren und vielleicht mit ruhigem Körperkontakt dem Baby zu helfen, dass es in den Schlaf findet, auch wenn es noch so wach aussieht und eventuell zunächst protestiert.

Dösen

Babys haben die unnachahmliche Fähigkeit, mit offenen Augen in einen Trancezustand zu gehen; das ist ein Zustand zwischen Schlafen und Wachen, in dem sie in den Monaten vor der Geburt oft waren. Es ist nur aus dem Zusammenhang zu erkennen, ob das Kind gleich einschläft oder wieder wach und aufmerksam wird. Besonders gegen Ende und nach einer Mahlzeit nennt man diesen Zustand Stilltrance, und es hilft dem Baby sehr, wenn es jetzt nicht gestört wird, auch nicht, um es für ein Bäuerchen hochzunehmen. Wenn es einfach im Arm gehalten wird, stößt es ganz von allein auf, oder es wird erst dann hochgenommen, wenn es wieder klar schaut. Vor allem nach dem Stillen oder Füttern kann das auch für die Mutter einen Moment der Ruhe bringen. Eben war das Baby noch hungrig, hat vielleicht geweint, jetzt hat sie ihm gegeben, was es braucht, und das kann sehr befriedigend für beide sein. Seine Botschaft: *Bitte nicht stören, auch wenn meine Augen offen sind.*

Schlafen

Der Anblick eines schlafenden Säuglings ist für die meisten Menschen sehr berührend. Er drückt so viel Vertrauen und Hingabe, vollkommene Entspannung und tiefen Frieden aus. Und doch ist der Schlaf für die Entwicklung des Babys wichtige „Arbeitszeit". Es verknüpft jetzt alle Erfahrungen der wachen Zeit in seinem Gehirn zu neuen Mustern, es lernt sozusagen im Schlaf.

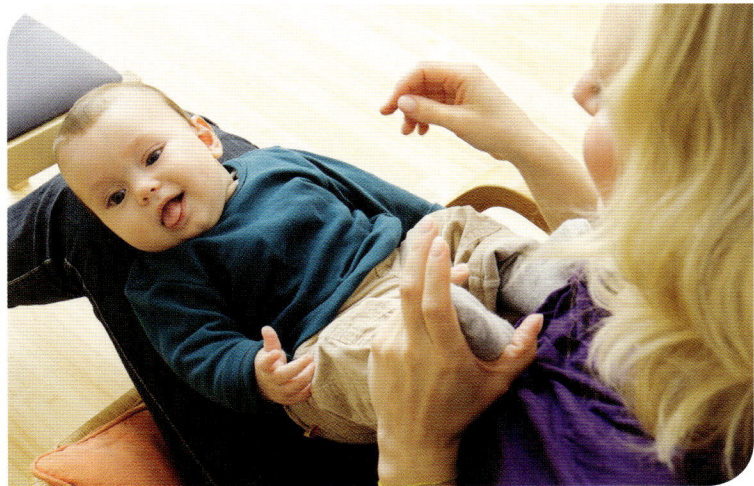

Leandro wendet sich ab ...

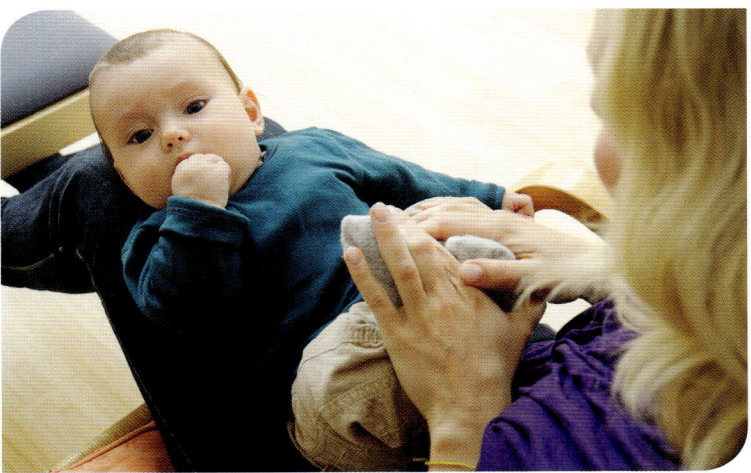

steckt die Hand in den Mund ...

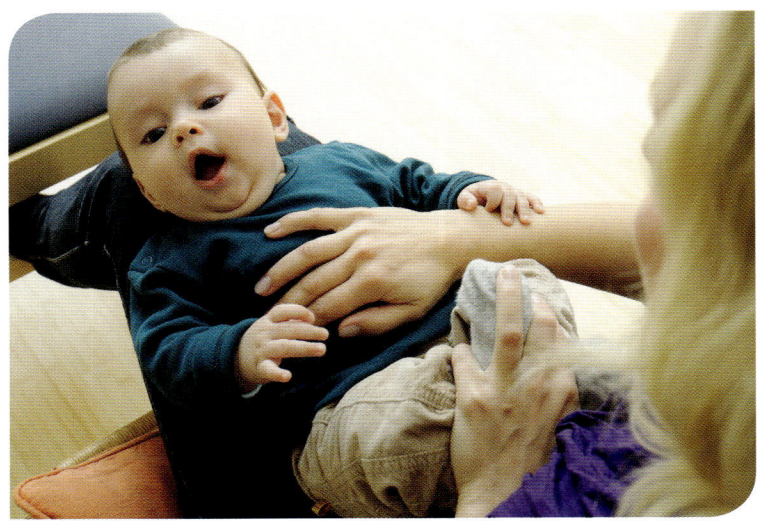

gähnt ...

Dabei stöhnt und schmatzt und schnauft es, sein Atem ist manchmal tief und ruhig, dann wieder rasch und aufgeregt. Es verzieht gelegentlich das Gesicht, und manchmal öffnen sich sogar die Augen ein wenig. Im Schlaf wechselt das Baby zwischen tiefem Abgetaucht-Sein, Ruhe und aktiver innerer Arbeit. Für äußere Reize ist es jetzt nicht zugänglich, es ist ganz in seiner inneren Welt beschäftigt.

Seine Botschaft: *Damit ich einschlafen kann, brauche ich vielleicht deine Hilfe. Wenn ich schlafe, bleib bitte in meiner Nähe und gib mir bitte die Sicherheit, dass ich nicht ganz allein bin. Ich höre deinen Atem, wenn ich etwas auftauche, dann kann ich leichter wieder tiefer einschlafen. Und wenn ich mich bewege und unruhig werde, weck mich bitte nicht gleich auf, denn vielleicht glaubst du nur, dass ich ausgeschlafen bin. Wenn ich wirklich wach werden will, sage ich es dir deutlich.*

Quengeln

Es ist offensichtlich, dass irgendetwas dem Baby nicht behagt. Zwar versucht es tapfer, selbst damit fertig zu werden, aber seine Möglichkeiten sind begrenzt. Je nach Temperament und nach Stärke des Unwohlseins quengelt ein Kind längere oder kürzere Zeit, bis es in einen anderen Verhaltenszustand wechselt: Es schläft ein, wird ruhig und aufmerksam oder schreit. Beim Übergang braucht es manchmal Hilfe von den Erwachsenen, die erkennen, was jetzt nützt:

⊙ Ruhe, damit es in den Schlaf findet,
⊙ Anregung, weil es neugierig ist, und gern wach und aufmerksam sein möchte

- eine Mahlzeit, weil es hungrig ist,
- Körperkontakt, Blickkontakt oder die Stimme, weil es sich allein fühlt,
- Bewegung, weil die Unbeweglichkeit sich nicht gut anfühlt,
- eine frische Windel, wärmere oder leichtere Kleidung.

Eingehüllt in eine Decke kann Leandro einschlafen

Manchmal ist die Ursache des Quengelns nicht ohne Weiteres erkennbar. Dann önnen Sie nur nach Versuch und Irrtum vorgehen.

Die Botschaft des Babys: *Ich fühl mich unwohl. Wenn du siehst, was mir fehlt, dann hilf mir.*

Wenn wir beide es gerade nicht erkennen können, sei mir bitte nicht böse.

Jetzt ist es Zeit, das Baby genau anzuschauen, ob es nicht diskrete Signale gibt, aus denen Sie schließen können, was es möchte. Dabei sollte immer für möglich gehalten werden, dass bei mancherlei Unwohlsein das Baby sich gut allein beruhigen kann, ja sogar Hilfe von außen genau verhindert, dass es Ruhe findet.

Schreien

Wenn ein Baby schreit, hat es immer einen Grund. Und es braucht Unterstützung, um mit den unguten Gefühlen fertig zu werden, die es allein nicht bewältigen kann. Es hat sich bewährt, auf solche Kund-Gebungen eines Säuglings sofort zu reagieren. In der ersten Zeit gibt es bei unterschiedlichen Ursachen kaum einen Unterschied in der Art des Schreiens. Im Lauf der ersten Wochen und Monate wird die Stimme des Kindes vielfältiger in ihrem Ausdruck. Die meisten Eltern können nach einiger Zeit heraushören, ob ihr Kind Hunger hat, aus Müdigkeit schreit, ihm etwas weh tut oder es sich erschreckt hat und allein fühlt.

Seine Botschaft: *Hilfe, da ist etwas sehr unangenehm, und ich brauch dich, um es zu bewältigen. Selbst wenn nicht einmal du es ändern kannst, lass mich bitte nicht allein, denn dann wird es noch schlimmer.*

Jetzt ist es Zeit, dem Baby beizustehen. Es braucht Sie, die erkennen kann, ob es sich in einer gefährlichen Situation befindet, ob es krank oder verletzt ist. Es braucht jemanden, weil es sich manche seiner drängenden Bedürfnisse nicht selbst erfüllen kann. Es braucht Fürsorge und Pflege, um satt zu werden, frische Windeln und die passende Kleidung zu bekommen. Es braucht körperliche Nähe, wenn es sich allein fühlt, wenn sein Körper gehalten und berührt werden möchte. Es braucht gelassene Anwesenheit, wenn es müde ist und nur schwer in den Schlaf findet. Und es braucht Trost, wenn es Schmerzen hat.

Nicht immer kann der Erwachsene etwas tun, damit das Kind rasch mit dem Schreien aufhört. Dann hilft es ihm zumindest, wenn ihm mitfühlend der Rücken gestärkt wird (Klein 2007).

Feinzeichen der kindlichen Befindlichkeit

Ob ein Kind im Moment belastet oder gut organisiert ist, ob es gestresst oder entspannt ist, zeigt es durch
- Atmung und Hautfarbe,
- Bewegungen,
- die Fähigkeit, zwischen den Aufmerksamkeitszuständen zu wechseln
- seine Aufmerksamkeit
- Kontaktbereitschaft.

Das Modell der Feinzeichen der Befindlichkeit wurde von Heidelinde Als und Terry Brazelton anhand sorgfältiger Verhaltensbeobachtungen entwickelt (Brazelton1984), und es wird erfolgreich in der Beratung junger Eltern eingesetzt (Ziegenhain et al 2004, Fries 2010).

Das Modell beschreibt für unterschiedliche Bereiche Anzeichen, die darauf schließen lassen, ob das Baby jetzt gerade offen und aufmerksam ist, ob es angestrengt ist und dabei ist, sich selbst zu regulieren, oder ob es belastet ist und sich nicht mehr selbst helfen kann.

Das Kind zeigt	Offen und aufmerksam	Angestrengt, kann sich selbst regulieren	Belastet, braucht Hilfe zur Selbstregulation oder Ruhe
Autonomes System (Atmung, Haut, Kreislauf, Verdauung)	• Atmet regelmäßig; • die Haut ist rosig	• Gähnt; • stöhnt; • seufzt; • niest; • Schluckauf	• Atmet gepresst, unregelmäßig; • die Haut ist gerötet, blass oder marmoriert; • es würgt oder spuckt
Motorik	• Weiche, harmonische Bewegungen; • guter Muskeltonus; • schmiegt sich an; dreht den Kopf zum Gegenüber	• Nuckelt; • hält sich an sich selbst fest (Kleidung, Hände, Oberschenkel); • ringt die Hände; • legt die Füße zusammen; • führt Hand zum Mund/Kopf/Ohr	• Überstreckt sich; • wendet sich ab; spreizt die Finger; • rudert mit den Armen; • drückt sich weg; erstarrt; • auseinanderfliegende Bewegungen; • disharmonisch
Schlaf- Wachzustände	• Wach und aufmerksam; • eindeutiger, stabiler Zustand	• Wechselt die Zustände schnell; • döst	• Quengelt; • schreit; starrt mit aufgerissenen Augen
Interaktion	• Sucht und hält Blickkontakt; • offen, aktiv, interessiert; • lächelt	• Wendet den Blick ab; • guckt ausdruckslos ins Leere; • blinzelt	• Erregt; • nicht zu erreichen; • in sich zurückgezogen

Wenn Erwachsene die Sprache des kleinen Kindes entschlüsseln können, gelingt es ihnen leichter, zur richtigen Zeit das richtige Angebot zu machen: Es zu Spiel und Spaß zu animieren, wenn es offen und interessiert ist, ihm Ruhe und vorsichtige Unterstützung zur Selbstregulation anzubieten, wenn es angestrengt oder müde ist z. B. die Hand auf die Brust legen, damit es sich zentriert. Werden Stresssignale übersehen, kann die Situation im Geschrei enden. Erlebt das Kind allzu oft keine passende Resonanz, resigniert es. Der angestrengte Zustand wird zur Gewohnheit.

Damit verpasst es dann die Chance, in offenen Momenten Freude zu erfahren und Neues hinzuzulernen. Wenn diese Situation lange andauert, ist zu befürchten, dass sich seine Entwicklung verzögert und es nicht sein volles Potenzial entfalten kann.

Wirkung von Stress und Stressreduktion

Das Kind kann sich die Welt freudig nur im Zustand wacher Offenheit aneignen. In anderen Zuständen lernt es zwar auch dazu, diese Erfahrungen sind aber mit Gefühlen von Unbehagen

Leandro führt zur Selbstberuhigung sein Fäustchen zum Mund

verknüpft. Mit Freude beim Ausprobieren, Erfahrungen-Sammeln und Wachsen schafft es gute Voraussetzungen für Entwicklung und Lernen. Stress dagegen schränkt die Erfahrungsmöglichkeiten ein und verbraucht viel Energie. Als Stress wird ein Zustand höchster innerer Aktivität bezeichnet, der von Angst und Schmerz bestimmt ist. Ein Lebewesen unter Stress aktiviert alle Kräfte und richtet sie darauf, die Situation zu bewältigen. Stressreaktionen sichern das Überleben in höchster Not. Sie führen zu kurzfristigen Lösungen, aber nicht zu kreativem Ausprobieren neuer Möglichkeiten.

Ein Baby, das angestrengt ist und die Fäustchen fest zusammenballt, kann sich auf diese Weise selbst beruhigen. Das ist gut im Moment. Wird es zu einem Dauerzustand, kann das Kind die Möglichkeiten zum Greifen mit der geöffneten Hand nicht erkunden.

Die Vermeidung bzw. Reduktion von andauerndem oder häufig wiederkehrendem Stress unterstützt daher die kognitive, emotionale, motorische und emotionale Entwicklung des Kindes. Körperlich und emotional präsente, aufmerksame Eltern und ErzieherInnen können in ihrem alltäglichen Umgang mit dem kleinen Kind viel dazu beitragen, Stress zu erkennen und zu reduzieren. Körperlicher Kontakt und emotionales Mitschwingen sind dabei die wesentlichen Komponenten. (Wie Erwachsene sich selbst in einen guten Zustand bringen, erfahren Sie ab S. 133).

Stress lass nach!

Körperkontakt reduziert Stress. Handauflegen, in den Arm nehmen, den Rücken streicheln, sich an den Händen halten: Wenn wir einen Menschen beruhigen wollen, sind das die Mittel der Wahl. Ein kleines Kind reagiert auf die körperliche Präsenz eines freundlichen Erwachsenen besonders positiv. Körperkontakt und Berührung reduzieren Stress nicht nur aktuell, sondern stärken auf Dauer das seelische Immunsystem.

Stressreduzierte Tagesgestaltung

Kinder haben sehr unterschiedliche Bedürfnisse nach Ruhe und Unterhaltung, und sie sind unterschiedlich empfindsam. Im günstigen Fall haben sie ähnliche Bedürfnisse wie die Personen, mit denen sie ihre Tage verbringen.

Wenn es Mama nicht gut allein zu Hause aushält und sie gern jeden Tag einen anderen Babykurs besuchen möchte, kann das für Paula völlig in Ordnung sein. Lisa dagegen, die mit ihrer Mutter einen ähnlich vollen Terminkalender hat, wirkt oft angestrengt. Sie weint viel und schläft unruhig. Leo scheint sich zu Hause an den langen Tagen, die er dort mit seinem Vater verbringt, während der mit anderen Dingen beschäftigt ist, eher zu langweilen, während es für Paul eine stete Quelle der Freude ist, auf seiner Decke zu liegen und mit seinen Füßen zu spielen.

Manche Eltern-Kind-Konstellationen scheinen harmonisch zueinander zu passen, während andere eher eine Herausforderung füreinander sind.

Jetzt sind die Erwachsenen gefragt, ihre eigenen Bedürfnisse mit denen des Kindes abzustimmen. Das kann zu einer vorübergehenden Einschränkung ihres Freiraums führen.

Das Sofortprogramm

- ❯ *Wache Aufmerksamkeit und Lesen der kindlichen Signale*
- ❯ *Die Signale entschlüsseln und bereit sein, passend darauf zu antworten, z.B. das Kind ins Bett bringen, wenn es Zeichen von Müdigkeit zeigt*
- ❯ *Sich selbst in einen guten Zustand bringen und mit sich im Kontakt bleiben, atmen*
- ❯ *Blickkontakt, wenn das Kind ihn sucht, sonst Abwenden zulassen. Das Kind ruht sich gerade aus: Bitte nicht stören!*
- ❯ *Stimme einsetzen wie ein Mantra – ruhig, langsam, einfach, viele Wiederholungen oder summen*
- ❯ *Etwas zum Saugen anbieten*
- ❯ *Berührung:*
  - *Die Hand aufs Brustbein legen*
  - *Hände und Füße zusammenführen*
  - *beim älteren Kind: Hand auf die Schulter oder das Knie*
  - *Hand auf den Reflexpunkt im Rücken zwischen den Schulterblättern: den Rücken stärken*
  - *Die Hand/die Hände massieren*
- ❯ *Das Kind klein und rund einkuscheln; z.B. in eine Decke wickeln („Pucken"), damit es nicht mit den Armen rudern kann, denn das erschreckt es zusätzlich*
- ❯ *Das Kind so auf den Arm nehmen, dass sein Rücken fest am warmen Bauch des Erwachsenen liegt*
- ❯ *Sacht schaukeln, wiegen*
- ❯ *Situation völlig verändern und Reize reduzieren, z.B. einen lauten Raum mit dem Kind verlassen*

Stressreduktion in Eltern-Kind-Kursen und in der Kita

Jedes Kind ist ein besonderes Kind. Auch in Eltern-Kind-Gruppen und in der Krippe sind Kinder unterschiedlich empfindlich oder stressresistent. Für Fachleute ist es eine genauso spannende Aufgabe, die Signale des einzelnen Kindes zu entschlüsseln und ihm passende Angebote zu machen, damit es die Situation bewältigen kann.

Lars reagiert sehr schreckhaft in der Krabbelgruppe. Er zuckt zusammen, wenn andere Kinder laut sind, verzieht das Gesicht, spreizt die Finger ab. Die Kursleiterin regt die Mutter dazu an, einen Platz am Rand der Gruppe zu wählen, möglichst weit weg von Emil und Lara, die besonders temperamentvoll sind. Von hier aus kann Lars entspannt weiter dabei sein.

In der ersten Viertelstunde in der Kita ist Johan (15 Monate) offensichtlich angespannt. Seine Hände sind kalt, seine Bewegungen verhalten. Wenn er in dieser Zeit ganz dicht bei seiner Erzieherin sein darf, buchstäblich an ihrem Bein hängt, entspannt er sich rasch und beginnt zu spielen

Andere Kinder können Stress reduzieren: Sophie ist sehr zurückhaltend, wenn ihre Tagesmutter sie direkt begrüßt. Sind aber schon andere Kinder da, geht sie direkt zu ihnen und winkt ihrer Mutter nur noch einmal kurz zu.

Kinder lieben Rituale

Kinder lieben es, wenn sie Situationen und Abläufe wiedererkennen. Das gibt ihnen Sicherheit, stärkt ihr Kohärenzgefühl. Sie lieben es, wenn die Welt für sie verständlich und vorhersagbar ist. Dann können sie auch Veränderungen besser aushalten. Rituale sind wiederkehrende Handlungsabläufe, die dem Kind etwas Bestimmtes signalisieren: Vor dem Essen wird der Tisch gedeckt, alle setzen sich hin; Manuela, die Bezugserzieherin, sagt dann mit uns allen „Gu-ten Appe-tit!"; vor dem Zubettgehen wird den Vögeln, den Blumen, dem Mond da draußen gute Nacht gesagt; Mama und Papa singen immer dasselbe Lied beim Wickeln. Rituale stärken das Gefühl der Zusammengehörigkeit.

Sowohl im häuslichen Bereich als auch für die Gestaltung von Kursen und im Tagesablauf in der Kita oder bei der Tagesmutter bewähren sich verlässliche Strukturen.

Eine Pause zwischendurch gibt neue Kräfte

4
Kommunikation mit den Kleinen

Spüren und Sprechen, Singen und Spielen

In diesem Kapitel erfahren Sie etwas darüber,
- was Kontakt für ein Baby bedeutet
- wie Takt und Rhythmus bei der täglichen Pflege Freude bereiten
- wie Berührung körperlich und seelisch wirkt
- wie Sie mit Berührung und Stimme, mit Massagen und mit körpernahen Spielen in einen innigen Kontakt zum Kind kommen und mit ihm Freude und Verbundenheit erleben.

Momente geteilter Freude machen Spaß, fördern die Bindung, stärken den Eigen-Sinn und das Kohärenzgefühl. Das Kind erlebt das Gefühl von Geborgenheit und Stimmigkeit, es fühlt sich wohl und fügt dem Fundament seiner stärkenden Lebenserfahrungen wieder einen Baustein hinzu. In den ersten drei Lebensjahren sind die wesentlichen Erfahrungen des Kindes konkret und körperbezogen. Es fühlt und hört und schaut und ist dabei immer gegenwärtig in diesem Moment.

Je kleiner es ist, umso fremder ist ihm die Welt und es kann noch nicht viele Reize gleichzeitig verarbeiten. Die körperliche und seelische Präsenz seiner nahen Erwachsenen gibt einem Kind die Sicherheit und die Geborgenheit, die es benötigt, um die Welt als lebenswerten Ort zu erleben und sich selbst zunehmend als aktives und handlungsfähige Wesen darin gut aufgehoben und glücklich zu fühlen.

> Das Große im Leben ist oft schlicht – und nicht ganz leicht zu leben.

Der achtsame Kontakt fördert die emotionalen und geistigen Kompetenzen des Kindes ebenso wie seine sozialen und körperlichen. Das macht es zu einer so besonderen Aufgabe, ein kleines Kind zu versorgen. Kein Spielzeug, kein Film, keine Musik aus der Konserve kann die reale Berührung und die Stimme eines real anwesenden Menschen ersetzen. Für Erwachsene mag sich diese nonverbale Kommunikation zunächst ungewohnt anfühlen. Es ist ihr schlichtes Da-Sein, das jetzt Bedeutung hat, ihr Fühlen, ihr körperliches Handeln im Augenblick.

Im Kontakt sein

Für ein kleines Kind sind Menschen, die mit ihm liebevoll im Kontakt sind, eine der Grundbedingungen für sein seelisches und körperliches Überleben und für eine gute Entwicklung. Die erlebte Gemeinsamkeit löst Glücksgefühle aus. So lernt das Kind mit Freude sich selbst, seine nahen Menschen und den Rest der Welt kennen. Über die Qualität dieses Kontaktes sollten wir uns deshalb ebenso sorgfältig Gedanken machen wie über die Qualität seiner Nahrung.

Was zeichnet einen guten Kontakt aus?

Das lässt sich für uns Erwachsene am Beispiel eines Gesprächs nachvollziehen. Ein gutes Gespräch, das die Seele nährt, ist von Konzentration aufeinander gekennzeichnet. Körperhaltung und Atemtempo werden angeglichen, die Prosodie (d. h. Tempo und Rhythmus, Dynamik/Lautstärke und Melodie/Stimmhöhe und Modulation werden aufeinander abgestimmt).

Diese Angleichung kann symmetrisch sein oder auch komplementär. Wenn z. B. einer der Gesprächspartner Angst zeigt und die Stimme hoch und schnell wird, spricht die andere Person (sofern sie das spürt und bereit ist, darauf einzugehen), automatisch eine Tonlage tiefer und etwas langsamer.

Wie ein Musikstück hat ein gutes Gespräch ein Thema und daraus sich entwickelnde Variationen und Erweiterungen. Sprechen und Zuhören wechseln sich ab. Jeder macht die Erfahrung, dass seine Beiträge gehört und aufgenommen werden. Die Voraussetzungen für ein gutes Gespräch sind ein guter Zugang zu den eigenen Gefühlen – nur, wer bei sich zu Hause ist, kann andere einladen –, Offenheit für die Person des anderen, die Bereitschaft beider, in diesem Moment die Aufmerksamkeit auf das gemeinsame Thema zu richten und schließlich eine emotionale Färbung des Gesprächs durch Interesse und Zuneigung.

Diese Regeln gelten gleichermaßen für die nonverbale Kommunikation mit einem kleinen Kind, selbst wenn es noch nicht sprechen kann.

Bis das Baby Wörter gebraucht, stehen andere „Medien" im Vordergrund. Körperkontakt, Blicke und der Klang der menschlichen Stimme sind für ein Baby so wichtig wie Milch und Wärme.

er der Pausen sind im günstigen Fall der Wahrnehmungsfähigkeit der beteiligten Personen angepasst. Ein Baby ist schnell überschwemmt von all den Sinnesreizen, die die Welt ihm bietet. Es braucht in kurzen Abständen Erholungspausen. Dann wendet es seinen Blick ab, dreht den Kopf zur Seite, starrt ins Leere oder zieht einen leichten Schleier vor seinen Blick. Jetzt ist es damit

Liebevolle Berührung und intensives Gespräch

Aktion und Pause: Der Tanz des Lebens

Ein guter Kontakt kann mit Begriffen aus der Musik beschrieben werden. Ein wesentliches Element von Musik sind Takt und Rhythmus. Diese definieren sich durch den Wechsel zwischen Tönen und den dazwischen liegenden Pausen. Pause – Aktion – Pause: Das ist der Tanz des Lebens. Das Tempo der Musik und die Dau-

beschäftigt, die Erfahrungen der letzten Minuten zu verarbeiten. Nach einiger Zeit wendet es sich der Welt wieder zu und ist bereit für neue Abenteuer.

Ein Baby spricht und versteht zunächst die Sprache der Berührung. Jeder Moment, in dem es gehalten und getragen wird, jede Mahlzeit, jedes Wickeln, Baden und Schmusen ist für das kleine Kind wie ein intensives Gespräch, ein Gespräch mit Hand und Haut, mit den Augen, mit Nase, Mund und Ohren. Jede Aktion mit dem Baby, beim Wickeln, Waschen, Ankleiden ist eine Gelegenheit, um mit ihm in echtem Kontakt zu sein.

Einfühlsame Berührung, das kommunikative Handling, Wickeln im Dialog mit dem Baby, kleine Massageeinheiten und das einfühlende Sprechen zur Begleitung der Handlung führen zu einer guten Verbindung. Das Baby fühlt sich geborgen, und den Erwachsenen macht so die tägliche Pflege Freude. Den natürlichen Bewegungen angepasstes Drehen, Wenden, Hochnehmen und Halten des Kindes fördern seine Bewegungsentwicklung und sein Gleichgewichtsystem. So wird unnötiger Stress vermieden, und für das Baby werden die alltäglichen Handlungen zu einer Zeit freudigen Lernens.

Spiele mit dem eigenen Körper und Spiele im Kontakt mit seinen Erwachsenen sind für das kleine Kind ein besonderer Genuss und fördern seine Entwicklung. Stimme und Sprache, Töne und Reime hüllen das Kind ein in die Schwingungen der menschlichen Stimme und vermitteln die Erfahrung von Geborgenheit. Und das Einander-Ansehen und das gemeinsame Betrachten der Umwelt sind ein großes Glück für kleine Kinder.

Kontakt mit Takt beim Handling und Pflegen: Anbändeln statt abwickeln

Erwachsene unterscheiden zwischen „Pflichtprogramm" (Wickeln und Waschen) und Zuwendung („Qualitätszeit"), aber für das Baby ist beides seine ganze Welt. Jedes Hochnehmen, Halten, Tragen, Wickeln, jede Berührung, jeder Blick, jeder Ton enthält eine Botschaft. Im günstigen Fall spürt es: „Du bist mir wichtig!", im weniger günstigen Fall: „Du bist mir gleichgültig oder lästig."

In guten Momenten erlebt das Baby die Berührung mit dem Körper der Eltern und ihren Händen wie einen Tanz. Es spürt Rhythmus und Berührung, es wird gedreht und hin und her und auf und ab bewegt. Wenn das alles halbwegs zu seinen Erwartungen und zu seinem eigenen Tempo passt, wenn es vorhersehbar und langsam geschieht, ist das vergnüglich und lustvoll. Miteinander zu tanzen, ist noch wichtiger als zu reden und zu gucken. Und wenn sich die Partner beim Tanzen nicht ständig auf die Füße treten, erleben sie ein tiefes Gefühl des Miteinander, es macht einfach glücklich.

> Die tägliche Pflege bietet die Möglichkeit zum Dialog zwischen Eltern und Baby und später zwischen Erzieherin und Kleinkind. So wird das Muss zum Genuss.

Den Erwachsenen wird die alltägliche Notwendigkeit zur Qualitätszeit, die Pflege zum Gespräch (Pikler, Tardoz 1997). Ein Baby, das diese Situationen dialogisch erlebt und sich dabei gut aufgehoben und gut verbunden gefühlt hat, wird als Kleinkind eher kooperativ sein und beim Wickeln und der Körperpflege weniger um seine Autonomie kämpfen müssen.

Takt und Tempo beim Wickelwalzer

Wenn ein Baby über seine Erfahrungen beim Wickeln sprechen könnte, würde es vielleicht sagen: *„Ihr Großen, bitte nicht so schnell! Ich weiß nicht, wohin es als nächstes geht, und ich habe die Drehung vorher noch gar nicht richtig verarbeitet.*

Mein Gehirn ist noch langsam. Wenn ihr genau hinschaut, könnt ihr sehen, dass ich dann einen starren Blick bekomme, dass ich mit den Armen rudere oder die Finger abspreize. So halte ich dann gerade noch aus, aber manchmal muss ich einfach schreien. Bitte, lasst mir Zeit, mich auf die nächste Bewegung einzustellen. Guckt mich an, erzählt mir, was ihr als nächstes tut, und dann gebt mir wieder Zeit. Und guckt mal, ich halte euch den einen Arm hin, damit ihr das Hemd darüber ziehen könnt. Und dann den anderen.

Das rasche, routinierte Wickeln mag sich für einen jungen Säugling so anfühlen, als sei er in eine Wäscheschleuder geraten. Noch kann er nicht voraussehen, was mit ihm als nächstes geschieht, und er braucht für jede Lageveränderung einen Moment Zeit, um sie zu verarbeiten. Sein Gleichgewichtssystem ist noch ungeübt und nach den langen Monaten der Schwerelosigkeit und des ständigen Kontakts mit der Uteruswand sind sowohl die Schwere des Luftdrucks als auch die Leere des freien Raums eine echte Herausforderung. Und dann die Fülle der Hautreize: die kühle Luft auf der Haut, der nasse Lappen, die unterschiedlichen Stoffe. Die täglichen Wickel- und Pflegeeinheiten sind für das Kind am Anfang erlebnisreiche Aktionen, die einen großen Teil seiner wachen Zeit ausfüllen.

Handling: Harmonie der Bewegung

Zu einem schönen Tanz gehört auch ein harmonischer Fluss der Bewegungen. Je ähnlicher das Drehen und Wenden, das Aufheben und Hinlegen der natürlichen Bewegungsentwicklung von Kindern sind, desto mehr unterstützt der Um-

Beim Anziehen im Kontakt ...

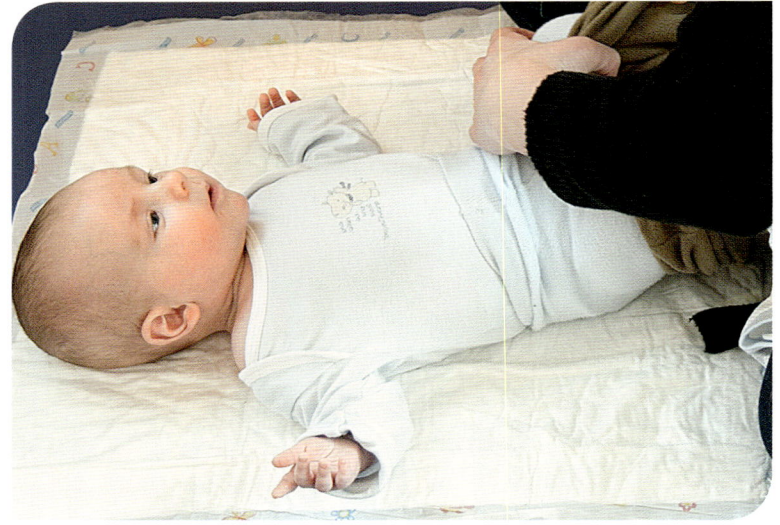

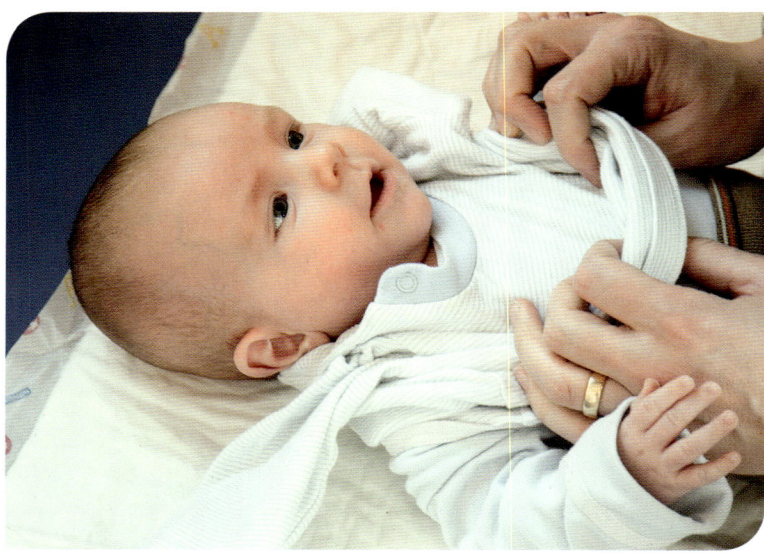

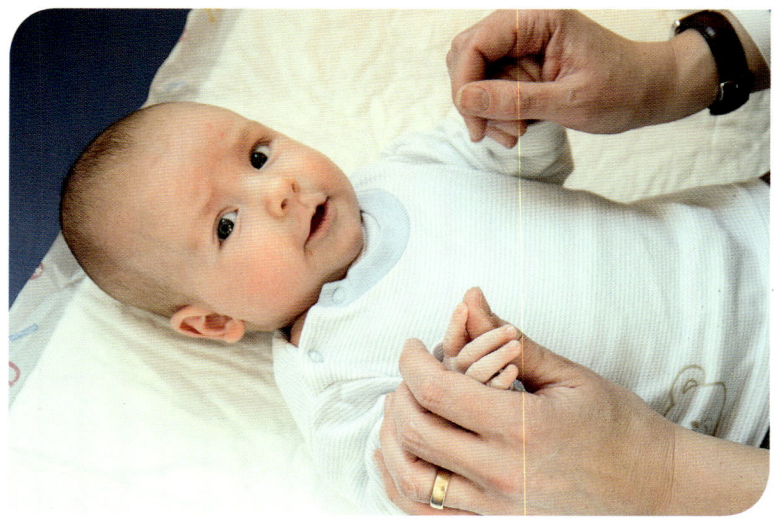

gang im Alltag die motorische Intelligenz. Versuchen Sie immer wieder, sich selbst in das Kind hineinzuversetzen: Was fühlt sich gut an? Welche Bewegung ist anatomisch sinnvoll und flüssig? Was würde ich mir selbst wünschen, wenn mich jemand bewegen würde, weil ich es selbst nicht kann?

Halten und Tragen: Das sehr kleine Kind braucht vor allem Sicherheit. Stützen Sie seinen Kopf, solange es ihn noch nicht selbst sicher halten kann, und geben Sie ihm möglichst viel Kontakt zur Unterlage oder zu Ihrem Körper. Im ersten Vierteljahr ist das die Regel, später ist es immer dann notwendig, wenn das Kind müde ist und seine Körperspannung sinkt.

Wenn ein Kind wach ist und gern von Ihrem Arm aus einen Blick in die Welt werfen möchte, tragen Sie es mit dem Rücken zu Ihrem Bauch. Das gilt nur für eine ruhige, überschaubare Situation in der Wohnung. Draußen wäre das Kind völlig überfordert, wenn es mit dem Gesicht nach vorn getragen würde.

Drehen und Wenden: Drehen Sie ein Kind so, dass es dabei immer den Kontakt zur Unterlage behält. Das ist schon eine kleine Übung für das selbstständige Drehen, das sich nach einigen Monaten entwickelt. Und wenn das klappt, wird das Kind mit Begeisterung mithelfen. Solange ein Kind festen „Boden" unter seinem Körper spürt, fühlt es sich sicher und kann sich besser auf Lageveränderungen einstellen.

◄ *Jetzt kommt das linke Bein ...*
Pullover geschafft ...
Kleine Pause zwischendurch

Eins – zwei – drei: der Wickelwalzer

Wickeln kann wie ein gemeinsamer Tanz sein, in langsamem Rhythmus und im ständigen Wechsel von Kontakt, Ansage und Aktion.

Eins = Kontakt: *Das kann der Blickkontakt sein oder auch eine ruhige, deutliche Berührung, indem Sie die flache Hand auf den Bauch oder die Brust des Kindes legen oder beide Hände an die Seiten seines Kopfes oder des Beckens. Sie warten, bis Sie spüren, dass das Baby den Kontakt erwidert, dass es zurückschaut oder sich unter der Berührung entspannt.*

Zwei = Ansage: *Vor dem jeweils nächsten Schritt wird das Kind darauf vorbereitet, z. B.: „Jetzt drehe ich dich um, jetzt kommt der Arm dran, jetzt geht der Pullover über den Kopf." Es ist erstaunlich, wie ein Baby darauf reagiert. Obwohl es die Worte noch nicht versteht, hilft ihm die Stimme, sich auf die kommende Aktion vorzubereiten. Auf Dauer erweitert sich sein zunächst passiver Wortschatz, und es lernt all die Worte kennen, die seine Köperteile bezeichnen.*

Drei = Aktion: *Jetzt erst folgt der nächste Schritt der Handlung.*

Hochnehmen und Hinlegen: Rollen Sie das Kind aus der liegenden Position immer über die Seite mit dem Bauch auf Ihren Unterarm, und heben Sie es dann hoch. Das ist organischer und entspricht der natürlichen Bewegungsentwicklung: Aus der Bauchlage zum Krabbeln in die Senk-

Über die Seite drehen

rechte. So kann es selbst aktiver mithelfen, der Kopf fällt nicht nach hinten, und es ist auch für die Erwachsenen leichter. Legen Sie es ebenso wieder hin. Wenn es rückwärts abgelegt wird, hat es das Gefühl, ins Leere zu fallen und bekommt einen Schreck.

Aufmerksamkeit statt Ablenkung

Die vielfältigen Sinneserfahrungen, die ein kleines Kind beim Wickeln und Waschen erlebt, sind aufregend und anregend. Da gibt es die verschiedenen Hautreize: Kühles und Warmes, Nasses und Trockenes; die Hände der Erwachsenen, Wasser, Stoff sind eine Fülle an Erfahrungen. Die notwendigen Drehungen und Wendungen sind wie eine Sportstunde. Und dann ist da noch der geliebte Erwachsene mit seinen Augen, seinen Händen, seiner Stimme. Gerüche kommen hinzu.

Mit alldem ist ein Baby schon gut beschäftigt. Zusätzliche Reize wie Mobiles oder Spieluhren am Wickelplatz sind nicht erforderlich und lenken das Kind und die Erwachsenen nur ab vom Eigentlichen: dem Miteinandersein beim gemeinsamen Tun.

Mit Aufmerksamkeit, Takt beim Tempo und Harmonie in den Bewegungen werden Wickeln und Waschen zu einer vergnüglichen Aktion, die für beide Seiten tief befriedigend sein kann. Natürlich wird es Situationen geben, in denen man rasch fertig sein will. Das wird das Baby tolerieren oder auch mit lautem Geschrei kommentieren. Nicht immer ist das Zusammenleben eine rosa Wolke, und das Lebenstempo und die Bedürfnisse von Babys passen nicht immer mit denen der Erwachsenen zusammen. Umso schöner ist es, wenn beim nächsten Mal der Tanz wieder gelingt.

> *Das Wickeln in der Krippe oder bei der Tagesmutter kann für das Kind bedeuten, von einem Erwachsenen eine Extraportion Zuwendung und gleichzeitig wertvolle Bewegungs- und Fühlanregungen für seine Entwicklung zu bekommen. Wenn es eben möglich ist, sollte immer eine vertraute, bevorzugte Person die Pflege durchführen und in diesen Minuten aufmerksam und präsent mit dem Kind im Kontakt sein. In der Praxis hat sich gezeigt, dass es in Summe nicht mehr Zeit kostet, die Wickelzeiten als exklusive Momente für das jeweilige Kind zu gestalten. Die insgesamt friedlichere Stimmung in der Gruppe ist es wert, die Umstellung anzugehen.*

Berührung: Ich fühle, also bin ich

Berührung ist die basale Sinnesempfindung unseres Körpers, und das Verlangen danach ist eines der Grundbedürfnisse lebender Wesen. Die Haut ist ein überlebenswichtiges Körperorgan. Kein Mensch wird ohne Haut geboren oder kann überleben, wenn große Teile der Haut zerstört sind. Ob wir schlafen oder wachen, Millionen von Sensoren informieren uns unablässig darüber, was an den Außengrenzen unseres Körpers vor sich geht. Wir können die Augen schließen, den Ohren, der Nase, der Zunge Reize vorenthalten, aber die Haut spürt ohne Pause die Grenzen unseres Körpers, die Bewegung des Atems, den Kontakt zur Kleidung oder den Lufthauch auf der nackten Haut. Sie vermittelt uns das Wissen von Tiefe, Struktur und Form, sie lässt uns uns selbst spüren und den Kontakt mit unserer Umwelt, und sie ist ein soziales Organ. Die Haut gibt uns andauernd Informationen darüber, wie und wo sich der Körper gerade befindet und wo-

Über der Schulter getragen: verbunden und offen zur Welt

mit oder mit wem er gerade im Kontakt ist. Diese Empfindungen sind die Basis der Eigenwahrnehmung, des Selbst-Bewusstseins und des Bewusstseins vom Anderen. Mit dem Tastsinn begreifen wir uns und die Welt. Der Berührungssinn ist ein wesentliches Element des Eigen-Sinns , der im Konzept der Salutogenese eine Schlüsselfunktion dafür hat, dass Menschen gesund aufwachsen und leben.

Der Berührungssinn ist das erste Sinnesorgan, das sich intrauterin entwickelt. Schon sechs Wochen nach der Befruchtung des Eis reagiert der Embryo auf Berührung und in den nächsten Monaten wird er eine Fülle von Erfahrungen im

Kontakt mit sich selbst und mit seiner Umwelt machen.

Berührung als eine Erwartung an das Leben

Während der Zeit seines intrauterinen Lebens macht der Fötus dialogische Berührungserfahrungen: Er ist aktiv und passiv zugleich, er berührt und wird berührt.

Im Ultraschall sehen wir Föten, die mit ihrer Nabelschnur spielen, die Hände zum Mund führen, die sich selbst berühren. Wir sehen, wie sie sich an die Uteruswand schmiegen. Gleichzeitig wird das Baby berührt: Wenn sich die Mutter bewegt, wird es an die Uteruswand gedrückt, die Kontraktionen umarmen es herzlich, das Fruchtwasser umgibt es.

Während der Geburt ist die Hautstimulation höchst intensiv bei der Passage durch den Geburtskanal. Die plötzliche Abwesenheit des bisher andauernden Hautkontaktes ist eine völlig neue Erfahrung und eine große Herausforderung für das Kind

Wird es von freundlichen Händen in Empfang genommen und sein Hunger gestillt, ist seine Mutter ihrerseits in einem sozialen Kontext eingebettet und fühlt sich sicher, so beruhigt es sich schnell und fügt sich ein in diese Welt. Wird eine dieser Erwartungen dauerhaft nicht oder zu wenig erfüllt, reagiert es mit akuten oder chronischen Stresssymptomen.

Heilung durch Berührung und andere Hautreize

Berührung ist die älteste Heilmethode der Welt und findet sich in allen Kulturen.. Heute gibt es eine Vielzahl von Heilmethoden, bei denen Berührung durch einen anderen Menschen oder andere Hautreize zumindest einen Teil ihrer Wirkung darstellen (Faulstich 2010).

Nicht zu unterschätzen ist neben all diesen hoch differenzierten professionellen Angeboten die gesund erhaltende und heilende Wirkung von achtsamer Berührung zwischen einander nahen Menschen. Das Baby, das von seinen Eltern massiert wird, das Kind, das in den Arm genommen und getröstet wird, der erwachsene Mensch, der den Rücken gestreichelt bekommt, sie alle machen die wohltuende Erfahrung, gestärkt zu werden, sich ganz zu fühlen, verbunden mit dem anderen, und dadurch heil zu werden.

Wie Berührung wirkt

Berührung ist das ganze Leben lang von größter Bedeutung für die körperliche, geistige, seelische und soziale Gesundheit. Achtsamer Körperkontakt wirkt stressreduzierend. Berührung und andere Hautreize in unterschiedlichen Formen sind wohl die ältesten und am weitesten verbreitete Heilmitteln der Welt.

Hautkontakt zwischen Mutter und Kind wirkt für das Baby, für die Mutter selbst und für die Eltern-Kind-Beziehung sowohl durch die direkte Sinneserfahrung als auch durch hormonelle Reaktionsketten stress- und angstmindernd. Die Auswirkungen sind physiologischer Art (Wärme, besseres Gedeihen), psychischer Natur (Entspannung, Offenheit) und sozial, weil sie Folgen für die Entstehung einer guten Beziehung zueinander haben. Die Folgen sind nachhaltig: Gut berührte Kinder sind stressresistenter und sozial aufgeschlossener.

Massage: ein Gespräch von Hand zu Haut

Die Haut hat neben ihren vielen anderen Funktionen auch eine wesentliche Bedeutung als Kontaktorgan. Berührung ist lebensnotwendig, Hautkontakt nährt die Lebensfreude und baut Stress ab. Ebenso wie Eltern ihrem Kind später allabendlich eine Geschichte vorlesen, können sie ihm von Anfang an mit ihren Händen eine Geschichte auf der Haut erzählen. Diese Geschichte handelt von dem, was das Baby am liebsten mag: vom eigenen Körper, von Wärme, von Liebe und Kontakt. Erzählt wird sie mit den Händen der Erwachsenen. Die Griffe und Techniken der Massage sind das Grundmodell dieser „Geschichte". Die individuelle Ausgestaltung und das mit der Massage verbundene Ritual entstehen im Dialog zwischen Eltern und Kind und verändern sich im Lauf der Wochen, Monate und Jahre. Der achtsame Kontakt ist dabei weitaus bedeutungsvoller als die korrekte Ausführung der Technik.

Von Anfang an ist das Baby ein autonomes Individuum mit dem Anspruch darauf, dass seine Grenzen respektiert werden. Das Baby wird „gefragt", ob es der Massage zustimmt, und es wird beobachtet, ob es die Berührung in diesem Moment mag oder nicht. Zeigt es intensive Zeichen der Ablehnung, ist das zu respektieren. Eltern und Kinder können von Beginn an lernen, dass jeder Mensch ein Recht darauf hat, Berührung abzulehnen.

Massage macht glücklich und gesund

Eine häufige Stimulation der Haut regt das Immunsystem an und macht das Kind widerstandsfähiger. Jede liebevolle Berührung der Haut führt zu einer Ausschüttung von Oxytocin. Die häufige Erfahrung von liebevoller Berührung fördert nachhaltig die Stressresistenz.

Störungen des Wohlbefindens können leichter verkraftet werden. Ein Baby, das von Schreiattacken geplagt wird, kann auf diese Weise in ruhigen Minuten Kräfte sammeln. Das Kleinkind, das sich, seine Eltern und Betreuungspersonen mit Wutanfällen erschöpft, findet zu anderen Zeiten Momente der Ruhe und der Verbundenheit. Das gemeinsame Erleben von Momenten der Ruhe und innigen Nähe wirkt heilend und stabilisierend auf die Beziehung zwischen Eltern und Kind. Darüber hinaus lässt Massage das Kind die Grenzen seines Körpers deutlich spüren: das ist eine Voraussetzung dafür, dass es später in guten Kontakt mit anderen treten kann. Viele Kommunikationsstörungen, die Kinder mit ihrer Umwelt haben, sind darauf zurückzuführen, dass ein Kind sich selbst und seine Grenzen nicht deutlich genug spürt und im Bemühen um Kontakt und Nähe im Wortsinne oft aneckt.

Massage als Ritual

Neben aller Technik kann regelmäßige Massage für die Erwachsene und das Kind die Bedeutung eines Rituals bekommen: Ein Ritual ist definiert als besondere, bedeutungsvolle Handlung, die einen klaren Ablauf hat. Über die beobachtbare Handlung hinaus hat ein Ritual symbolischen Charakter. Für die Massage könnte das bedeuten: *„Das Kind und ich sind für eine begrenzte Zeit vollkommen füreinander da. Ich bin ganz wach und aufmerksam für alle seine Reaktionen. Mein Tag mit ihm ist oft unruhig und von vielerlei anderen Dingen bestimmt, und jetzt, in dieser Zeitspanne, vielleicht eine halbe Stunde, bin ich ganz hier."*

Die Schmetterlingsmassage

Die Schmetterlingsmassage ist eine zarte, fließende, einhüllende Berührung. Sie ist schön als tägliches Ritual und ganz besonders hilfreich, wenn das Kind gerade schwierige Zeiten erlebt. Krisen sind ein Element jeder Entwicklung. Die Schmetterlingsmassage hilft bei der Überwindung von unausweichlichen Wachstumskrisen: Zahnen, Abstillen, Laufen lernen, Übergang in die Tagesbetreuung, Geburt eines Geschwisterkindes, später die Einschulung, die Pubertät.

Es ist weniger wichtig, auf die exakte Durchführung der Massage zu achten als auf einen guten Kontakt zum Kind.

Streichen, Lockern, Kreisen

Es gibt drei Arten von „Techniken" bei dieser Massage, die Sie vorher an sich selbst (Gesicht und Arme) ausprobieren können.

Das *lange, verbindende Streichen* von oben nach unten und von der Mitte zur Seite: Die Finger sind leicht gespreizt, und das Kind wird gleichsam mit Schmetterlingsflügeln eingehüllt. Jeder Strich wird dreimal ausgeführt. Das schafft einen verlässlichen Rhythmus und

Massage in der Familie und in den Arbeitsfeldern der Frühpädagogik

Babymassage ist in den letzten Jahren für tviele Eltern und Frühpädagoginnen zu einem festen Bestandteil des ersten Lebensjahres geworden. Mit kleinen Abwandlungen und phantasievollen Ergänzungen wird daraus später für das Kleinkind ein schönes Spiel mit den Großen. Massage kann zu einem Bestandteil des Umgangs miteinander in der Familie werden, und Schulkinder und Pubertierende genießen es, wenn sie sich gelegentlich den Rücken krabbeln lassen können.

Häufig wird Massage für Eltern und Babys in Kursen etwa ab dem vierten Lebensmonat angeboten. Physiotherapeutinnen und Ergotherapeutinnen schätzen die positive Wirkung der Massage, die begleitend zu ihrer Therapie daheim von den Eltern gemacht wird. In der Frühförderung kann Massage ein integrierender Aspekt zwischen der Zuwendung der Heilpädagogin zum Kind und den Eltern vorbehaltenen Aktionen sein. Dabei sind es immer die Eltern, die das Kind massieren. Die Fachleute zeigen, wie es geht, halten sich selbst aber zurück.

Häufig massierte Kinder entwickeln oft ein ausgeprägtes Geschick darin, andere kleine und große Menschen einfühlsam zu massieren.

Zunehmendes Interesse findet die Massage auch bei Erzieherinnen und Tagesmüttern. In der Tagesbetreuung eignen sich kurze Einheiten, um dem Kind für einen Moment die ungeteilte Aufmerksamkeit der Betreuungsperson zukommen zu lassen. Rasch lernen die Kleinen, diese Extraportion Zuwendung zu genießen wenn sie dran sind, und geduldig zu warten, wenn andere Kinder massiert werden. Schon das Zuschauen scheint sie zu beruhigen. Erzieherinnen berichten, dass diese achtsame Zuwendung zu einem Kind und die Berührung auch ihnen einen Moment der Ruhe schenken.

In einer Gruppensituation wird die Massage über der dünnen Kleidung oder der Unterwäsche ausgeführt. Das gewährt dem Kind das Gefühl von Schutz und ist weniger zeitaufwändig.

Es ist sinnvoll, die Eltern darüber zu informieren, wenn Sie den von Ihnen betreuten Kindern Massagen anbieten möchten.

sorgt dafür, dass die Massage insgesamt nicht zu lange dauert. Streichen Sie zur Probe bei

Der „gute Ton" bei der Massage

- Für eine ruhige, warme Atmosphäre ist gesorgt (Telefon, Handy abgestellt).
- Die Hände sind sauber, weich und warm.
- Das Kind wird zu Beginn gefragt, ob es bereit ist. Die volle Aufmerksamkeit gilt in diesen Minuten dem Kind!
- Die Massage klingt ruhig aus.
- Singen oder Summen ist eine schöne Ergänzung der Berührung.

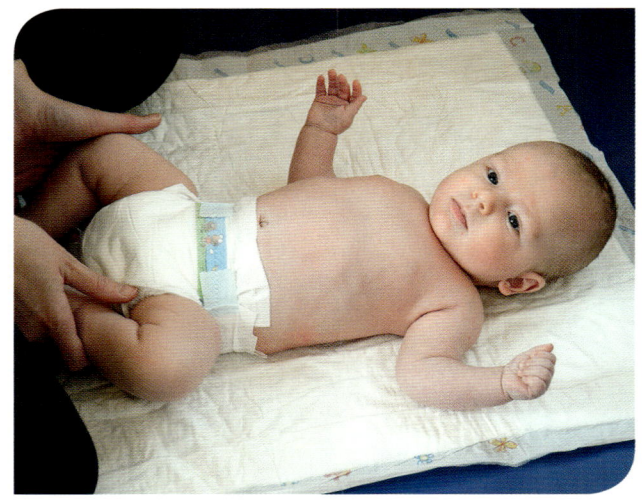

① Darf ich dich massieren? ...

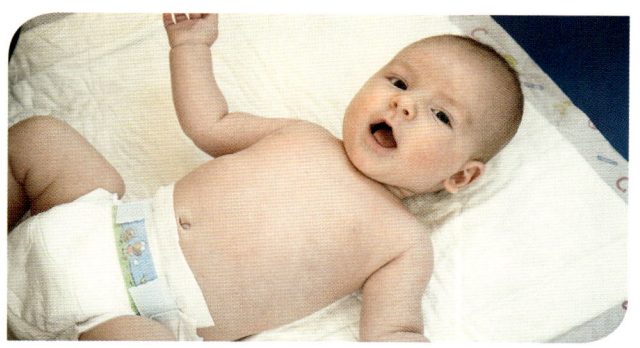

② *Jaaa!* ...

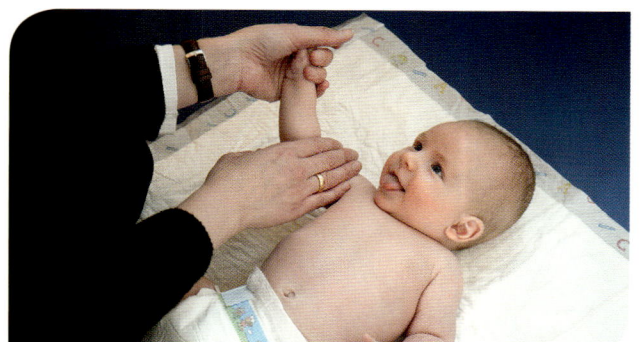

③ *Arm* ...

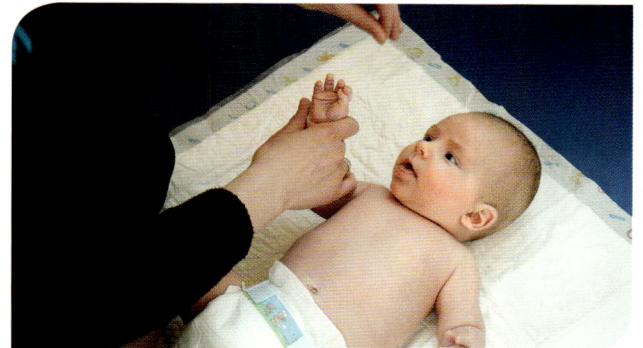

④ *Hand* ...

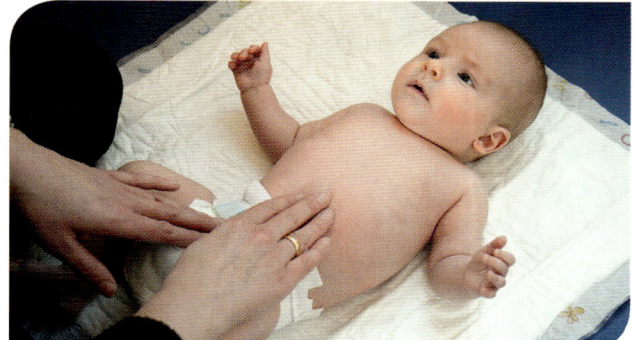

⑤ *Bauch* ...

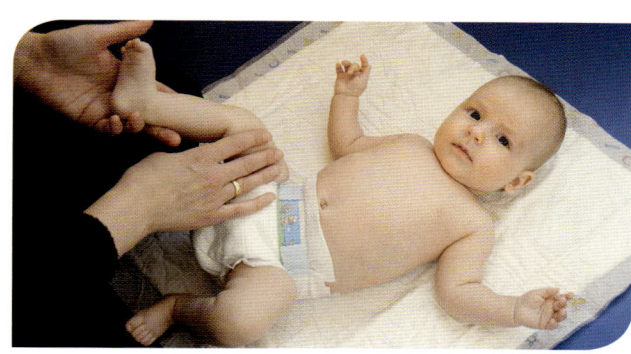

⑥ *Bein* ...

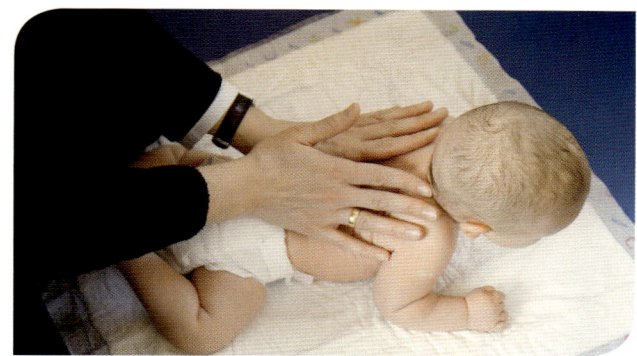

⑦ *Rücken* ...

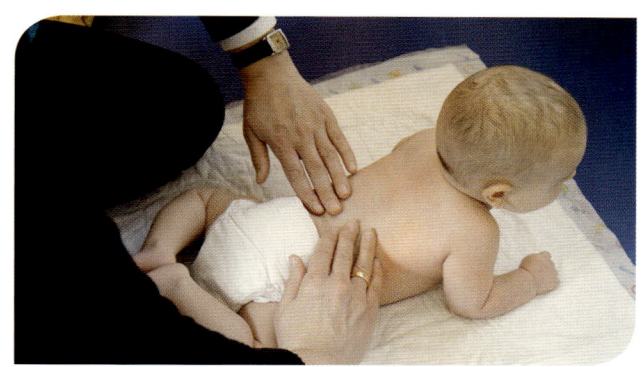

⑧ *zu den Seiten* ...

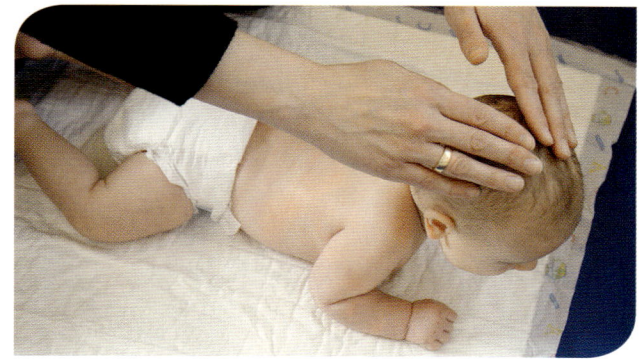

⑨ *Abschluss*

sich selbst von der Schulterkuppe sacht und mit viel zartem Kontakt zu Ihrer Hand hinunter.

Das *Lockern der Muskulatur*: Die weiche Hand oder die Finger liegen großflächig auf dem Muskel, z.B. dem Po. Den ganzen Muskel sacht rütteln, um ihn zu lockern. Stellen Sie sich vor, Sie versetzen einen Wackelpudding in leichte Schwingungen. Das können Sie an Ihrem Oberarm ausprobieren.

Das *Kreisen*: Mit der Spitze eines Fingers werden kleine Kreise gezogen. Die Fingerspitze leicht aufsetzen, dann zwei bis drei kleine Kreise beschreiben, dabei die Haut und die darunter liegende Muskulatur des Kindes mitbewegen; den Finger wieder anheben und im Abstand von ein bis zwei Zentimetern daneben erneut aufsetzen. Üben Sie diese Berührung an Ihrer Stirn. Spüren Sie, wie Ihr Finger nicht über die Haut rutscht, sondern die Haut und das darunter spürbare Gewebe über den Knochen gleitet.

Eingehüllt wie in Schmetterlingsflügel: Die Massage von Kopf bis Fuß

Das Kind liegt auf dem Rücken mit dem Gesicht zu Ihnen. Reiben Sie Ihre Hände kräftig gegeneinander und schütteln Sie sie aus. Fragen Sie das Kind, ob es bereit ist, und lassen Sie sich überraschen, wie es antwortet, vielleicht, mit einer Bewegung des Beines oder des ganzes Körpers.

Streichen Sie einige Male sehr zart vom Scheitelpunkt des Kopfes ausgehend mit leicht gespreizten Fingern über den ganzen Körper des Kindes, bis zu den Zehen und darüber hinaus. Lassen Sie Ihre Hände dabei ganz weich und anschmiegsam jeder Rundung des Körpers folgen Die Qualität der Berührung ist fließend und leicht.

Das *Gesicht* wird recht zügig behandelt und kann sogar ausgelassen werden, wenn es dem Kind deutlich unangenehm ist.

Streichen Sie jeweils dreimal mit den Fingerspitzen auf der Stirn von der Mitte zur Seite bis in die Schläfen hinein,
um die Augen herum,
von der Nasenwurzel hinunter zu den Nasenflügeln,
unter den Wangenknochen im Bogen bis hin zu den Ohren,
umrunden Sie die Ohren,
ziehen Sie Kreise um den Mund herum.
Kreisen Sie auf den Wangen über den Kiefergelenken.
Schieben Sie beide Hände in den Nacken des Kindes, ohne seinen Kopf zu heben, und streichen Sie vom Hinterhaupt abwärts über den Nacken und die Rückseite der Schultern.
Streichen Sie über Schultern, Arme und Hände. Dann wenden Sie sich dem rechten Arm zu.
Halten Sie die Hand des Kindes in Ihrer Hand, und lockern Sie die Muskulatur des Oberarms, dann die des Unterarms.
Streichen Sie um das Handgelenk herum, dann ausführlicher über den Handrücken und die Innenfläche der Hand. Folgen Sie den einzelnen Fingern bis zur Spitze, so als ob Sie Blütenblätter zupfen: Er liebt mich, er liebt mich nicht, er liebt mich ... Machen Sie dasselbe mit dem linken Arm.
Schließen Sie mit einhüllendem Streichen die Massage von Kopf und Armen ab, und beginnen Sie mit Brust und Bauch.
Streichen Sie im Verlauf der Rippen vom Brustbein zu den Seiten des Brustkorbs. Sie beginnen damit am Hals und gehen jedes Mal eine Rippe tiefer, bis Sie schließlich die letzten Striche von der Spitze des Brustbeins der unteren Rippenkante folgen lassen.
Hier etwa verläuft auch das Zwerchfell und auf dieser Linie kreisen Sie von der Mitte zur Seite.
Auf dem Bauch malen Sie einen großen Kreis im Uhrzeigersinn um den Bauchnabel herum und ziehen dann viele kleine Kreise auch auf dieser Linie.

Die „Bikinifalte" finden Sie am Unterbauch des Kindes, etwa da, wo die Oberkante eines gedachten Bikinihöschens verlaufen würde.

Streichen Sie der Falte folgend zunächst dreimal von der Mitte zur Seite, dann kreisen Sie.

Streichen Sie schmetterlingszart von der Taille abwärts über die Hüften, die Beine bis zu den Füßen und darüber hinaus.

Beginnen Sie mit dem rechten Bein und lockern Sie die Muskulatur vom Oberschenkel hinunter zum Unterschenkel („Wackelpudding"). Streichen Sie um das Fußgelenk und die Ferse herum, über die Oberseite des Fußes und die Fußsohle, zupfen Sie leicht an den einzelnen Zehen („Blütenblätter") und wiederholen Sie den Vorgang am anderen Bein.

Beenden Sie die Massage der Vorderseite mit einhüllendem Streichen vom Scheitel des Kindes bis zu seinen Füßen und darüber hinaus („Schmetterlingsflügel").

Drehen Sie das Kind auf den Bauch.

Der Rücken wird wieder mit langem Streichen vom Kopf bis zu den Füßen begrüßt. Dann streichen Sie über die Schulterblätter von oben nach unten und von der Mitte nach außen.

Lockern Sie die Muskulatur um die Schulterblätter herum.

Streichen Sie den Rippen folgend von der Mitte zur Seite. Beginnen Sie am Nacken und wandern Sie Rippe für Rippe tiefer.

Ertasten Sie die Muskelstränge rechts und links der Wirbelsäule, und lockern Sie sie mit zwei Fingern vom Nacken beginnend bis zum Po.

Streichen Sie über den Po sternförmig von der Mitte ausgehend nach außen, dann legen Sie beide Hände weich auf die Pobacken und lockern Sie sie („Wackelpudding").

Streichen Sie noch einmal die Rückseite der Beine, und lockern Sie auch dort die Muskeln. Beenden Sie die Massage, indem Sie dreimal vom Scheitel aus über den ganzen Rücken, den Po, die Beine, die Füße und darüber hinaus mit Schmetterlingshänden einhüllend streichen.

Ausklingen: Lassen Sie die Massage in Ruhe ausklingen. Hüllen Sie das Kind in eine Decke. Wenn es noch klein ist, nehmen Sie es in die Arme, schaukeln Sie sanft hin und her, wenn Sie mögen, summen oder singen Sie dabei.

Spiel mit mir!

> Wenn man genügend spielt, solange man klein ist, dann trägt man Schätze mit sich herum, aus denen man später ein Leben lang schöpfen kann. Dann weiß man, was es heißt, in sich eine warme Welt zu haben, die einem Kraft gibt, wenn das Leben schwer wird.
> ASTRID LINDGREN

Der Körper als Spielort und Spielzeug

Für Kinder in den ersten drei Lebensjahren ist ihr Köper mit seinen vielfältigen Empfindungen, mit seinen autonomen Funktionen wie z. B. Hunger und Verdauung und mit seinen zahlreichen Möglichkeiten gleichzeitig ein einziges Abenteuer, sein Spielzeug, eine Quelle von Lust und Schmerz und sein Lernfeld. Die Entwicklungsaufgabe des Kindes besteht darin, sich selbst zu entdecken und sich so weit wie möglich nach seinem Willen steuern zu können. Ein gutes Körpergefühl und Freude an der Bewegung haben ihren Ursprung in dieser frühen Zeit. In der Bewegung spürt ein Kind auch die Grenzen, die die äußere Welt ihm setzt: Der Tisch ist hart, der Ball rollt weg, die Tür ist zu. Im spielerischen Kontakt mit seinen Erwachsenen erfährt es etwas über Groß- und Klein-Sein, über Halten und Loslassen und über den Dialog des Gebens und Nehmens.

Es gibt eine große Auswahl altersangemessenen Spielzeugs. Spielzeug ist gut und notwendig. Noch besser aber sind die Spiele mit Händen und Füßen, mit Haut und Haaren – und um die geht es hier.

Das allererste Spielzeug eines Kindes ist sein eigener Körper und seine Nabelschnur. Da ist es

chen heruasfindet, dass das Ding , was da an seinen Augen vorbeifliegt, irgendwie zu ihm gehört, dass er seine Bewegung steuern kann, dass er es sehen und spüren und sogar in den Mund stecken kann. Das Spiel mit dem eigenen Körper ist interessant und vermittelt gleichzeitig ein angenehmes, beruhigendes Körpergefühl.

Juri und Annika auf Augenhöhe

noch warm eingehüllt im Bauch der Mutter. Nach der Geburt beruhigt es sich zunächst vor allem, wenn es seine Hände zum Mund führt und den Körperkontakt zu seinen Eltern sucht. In wachen, aufmerksamen Momenten entdeckt es, dass es Spaß macht, mit Händen und Füßen zu spielen, Dinge zu betasten und zu belutschen. Dann kommt dieser faszinierende Moment, in dem ein Säugling im Alter von etwa sechs bis acht Wo-

Miteinander spielen

Schon ein sehr kleines Kind liebt es, den Finger von Vater oder Mutter zu umfassen. Mimische Dialoge können schon direkt nach der Geburt beobachtet werden.

Das Baby imitiert die Grußreaktion des Erwachsenen (Augenbrauen hochziehen, Mund öffnen) und versucht, ihm zu antworten, wenn er die

Anregung

In den ersten Monaten braucht ein Kind viel freie Zeit und eine Fläche, auf der es geschützt ist und sich dennoch frei bewegen kann. Eine Decke auf dem Fußboden hat den Vorteil, dass es nicht herunterfallen kann. Warm sollte es sein, und die Kleidung sollte ihm viel Bewegungsspielraum lassen. Spielzeug braucht es jetzt nur in minimaler Dosierung. Die Entdeckung der eigenen Hände und Füße und das Training des Zusammenspiels von Händen und Augen sind wichtige Lernschritte. Dabei hat das Kleine gern Gesellschaft. Mama oder Papa können mit Freude die Experimente ihres Kindes beobachten und brauchen dabei für einen Moment gar nichts zu tun außer zu gucken und zu staunen.

Zunge herausstreckt. Auch das ist ein Spiel für das Kind.

Es liegt gern auf den Knien des Erwachsenen, schaut ihn an und mag es, wenn mit seinen Händen und Füßen gespielt wird.

Strecken sich Vater oder Mutter am Boden aus, krabbeln die Kleinen gern auf ihnen herum: der schönste Parcours, den es gibt.

Die Erzieherin, die am Boden sitzt und zwei Kindern ein Buch vorliest, ist gleichzeitig für das dritte Kind die Hilfe beim Aufrichten, viel besser als das Klettergerüst, denn sie ist weich, und ihr Körper reagiert auf seine Bewegungen.

Das gemeinsame Spielen, Toben, Kullern, Rennen, Klatschen, Patschen, Brabbeln bringt Kindern und Erwachsenen große Freude. So kommt die ganze Familie in Bewegung. Man braucht nur etwas Platz am Boden oder auf der Wiese, eine Decke oder Matte, und es kann losgehen. Wer Bewegung lieber in der Gruppe mag oder Anregungen braucht, findet ein reichhaltiges Angebot dafür in Bewegungsgruppen für Eltern und Kinder bei Elternschulen und Sportvereinen.

Baby-Yoga

Yogaübungen zeichnen sich unter anderem dadurch aus, dass ein Wechsel zwischen Dehnung und Rundung stattfindet. Das Baby erlebt, wie es ganz groß werden kann und dann wieder ganz klein und rund. Kinder ab drei Monaten haben viel Spaß daran. Kleinkinder bevorzugen die Variante mit Text und lassen sich gern als Paket ein- und auspacken.

Das Kind liegt auf dem Rücken, entweder auf der Unterlage oder auf Ihren Knien.

Nehmen Sie Kontakt zu ihm auf, und fragen Sie, ob es bereit ist.

Fassen Sie seine Hände und kreuzen Sie die Arme über der Brust.

Dann öffnen Sie die Arme langsam weit zur Seite und kreuzen Sie sie wieder. Wiederholen Sie das einige Male.

Fassen Sie die Füße, kreuzen Sie die Beine zum „Schneidersitz" und strecken sie lang nach unten. Machen Sie die Bewegungen langsam, sodass das Kind sich darauf einstellen kann.

Fassen Sie eine Hand und den gegenüberliegenden Fuß und kreuzen Sie die beiden über dem Bauch. Strecken Sie den Arm am Ohr vorbei nach oben und das Bein nach unten. Einige Male wiederholen, dann die andere Diagonale.

Maria macht die Übung vor ...

Jetzt kann ich es schon alleine!

Sprich mit mir!

Alles ist Sprache!
FRANÇOISE DOLTO

Sprache, Klang und Rhythmus: Die menschliche Stimme ist für kleine Kinder von großem Interesse. Ihre Muttersprache ist ihnen vertraut von Anfang an, sie bedeutet Sicherheit und weckt Neugier. Sprache verbindet, und ein Kind, das geradezu eingehüllt wird in Stimme und Sprache, kann sich geborgen fühlen. Kinder, mit denen viel gesprochen wird, haben in der Regel schnell einen großen Wortschatz. Das wirkt sich im Kleinkindalter aus auf seine Fähigkeit zur Verständigung aus und im Schulalter auf seine Fähigkeit, Lesen und Schreiben zu lernen. Sprache schafft fühlbar und hörbar Kontakt, wenn Erwachsene und Kinder im unablässigen Spiel von Frage und Antwort miteinander ihre Zeit verbringen.

Ein Kind lernt viel über sich und die Welt, wenn seine Erlebnisse in Worte gefasst werden: Die Vorgänge bei der Körperpflege und beim Anziehen ebenso wie die Rituale des Zubettgehens, die Arbeiten im Haushalt und alles, was draußen zu sehen ist. Beschreibungen, Ermutigung und Anregungen wirken natürlich förderlicher auf die Entwicklung als Belehrungen, Versagungen und Zurückweisungen. Allerdings kommt es oft zu Missverständnissen zwischen Kleinkindern und den Großen. Das Sprachverständnis und auch die aktive Sprache eines Kindes garantieren nicht, dass es Verbote einhält oder im Gemüseladen entscheiden kann, was es zum Mittagessen geben soll. Gerade sprachlich weit entwickelte Kinder werden oft überschätzt und überfordert.

Sprache ist vor allem Dialog. Das Frage- und Antwortspiel beginnt schon in den ersten Wochen. Die Laute des Babys werden von den Erwachsenen wiederholt: Das Kind fühlt sich verstanden. Auch das ist ein Beitrag zur Entwicklung des Kohärenzgefühls: Meine Signale werden beantwortet, ich bin im Kontakt, wir sprechen eine Sprache.

Jona fordert Nina auf: Komm, spiel mit mir

Kleine Kinder lieben Reime

Der verlässliche Rhythmus und die Wiederholungen machen kleinen Kindern großen Spaß. Und wenn die Sprache durch Gesten und Berührungen begleitet wird, ist die Freude noch größer.

Fingerspiele und Kniereiter sind schon traditionell beliebte Spiele für und mit Kleinkindern. Für manche Kinder können besonders die Großeltern auf diese Weise eine anregende Rolle spielen.
Einige Beispiele:

Überliefert:
Eine kleine Dickmadam
fuhr mal mit der Eisenbahn.
Eisenbahn, die krachte,
Dickmadam, die lachte,
lachte bis der Schutzmann kam
und sie mit zur Wache nahm

neu:
Eine kleine Dickmadam
saß mal in der Badewann.
Das Wasser, das spritzte,
Dickmadam, die quietschte,
quietschte bis der Papa kam
und sie aus der Wanne nahm.
Er wickelt sie ins Badetuch
und rubbelt und schubbelt
und brubbelt und knuddelt,
bis sie schreit: genug!

Heidi und Annika spazieren als Sonnenkäferpapa über Juris Bauch

Himpelchen und Pimpelchen
saßen auf einem Berg.   *Hände malen Berg in die Luft*
Himpelchen war ein Heinzelmann,
und Pimpelchen war ein Zwerg.
Sie blieben lange oben sitzen
und wackelten mit ihren Zipfelmützen.   *Hände zur Zipfelmütze formen*
Doch nach sieben langen Wochen
sind sie in den Berg gekrochen.   *Hände kriechen ineinander*
Sie schlafen dort in guter Ruh.   *Kopf auf die Hände legen*
Sei ganz still und hör mal zu:
Chr ... chr ... chr ...

Punkt, Punkt, Komma, Strich,   *Im Gesicht „malen"*
fertig ist das Mondgesicht.
Ein paar Ohren braucht es auch,
und dann kommt der dicke Bauch.   *Um den Bauch herum*
Zwei Arme und zwei Beine dran: *Arme und Beine entlangstreichen*
Fertig ist der kleine Mann.
Arme, Beine, ganz genau:
Fertig ist die kleine Frau.

    Backe, backe Kuchen,   Butter und Salz,
      der Bäcker hat gerufen.   Milch und Mehl,
    Wer will guten Kuchen backen,   Safran macht den Kuchen gel.
      der muss haben sieben Sachen: Schieb ihn in den Ofen rein,
    Eier und Schmalz,   dann wird er wohl bald fertig sein.

Sing!

Die Welt ist Klang
JOACHIM-ERNST BEHRENDT

Singen fördert die Harmonie einer Gemeinschaft, sei es in der Familie oder in der Kindergruppe. Singen begleitet lange Autofahrten ebenso wie ermüdende Wartezeiten. Singen begleitet Kinder in den Schlaf oder stimmt auf die Mahlzeit ein. Hirnforscher, Musiker, Pädagogen und Psychologen begründen, jeder auf seine Weise, warum das Singen förderlich ist für die seelische, körperliche geistige und soziale Entwicklung. Die Freude von Kindern am Gesang der Erwachsenen und später an ihren eigenen Tönen überzeugt unmittelbar: Singen tut gut, macht Spaß und verbindet miteinander.

Dabei geht es nicht um die hohe Kunst ausgebildeter Stimmen. Neben der vertrauten Stimme

Einladung zum Mitmachen

der Mutter wird die Stimme einer Sopranistin bedeutungslos, und Papas tiefe Töne sind viel interessanter als der Kinderschlagersänger auf der CD.

Oma und die Erzieherin können punkten, wenn sie ihre eigenen Lieder beisteuern. Hauptsache, es findet live und im Kontakt mit den Kleinen statt. Dann wird auch das Singen zum Dialog. Sie passen Ihr Tempo an das des Kindes an, wiederholen so oft, wie das Kind es mag, verändern auch mal de Text, fügen den Namen des Kindes ein ... Und bald singt das Kind selbst mit. Der Takt kann geschlagen oder geklatscht werden.

Singen kann das Begrüßungs- und Schlussritual einer Eltern-Gruppe oder in der Tagesbetreuung bilden, dann wissen alle: Jetzt geht's los.

Singen trägt auch zur Stressreduktion bei. Die Summtöne tun unruhigen Kindern gut: Halten Sie das Kind nah am Körper, dann spürt es die Vibration. Singen hilft auch Erwachsenen in angespannten Situationen. So können sie sich selbst beruhigen und gleichzeitig mit dem Kind im Kontakt sein. (S. a. Kapitel 6)

Anregungen

Lassen Sie Ihre Fantasie spielen und erfinden Sie Texte zu weitverbreiteten Melodien, die zur Situation passen und/oder den Namen des Kindes enthalten. Kleine Kinder erkennen schon im Alter von vier bis sechs Monaten ihren eigenen Namen aus dem Strom der Worte.

Alt

Summ summ sum,
Bienchen summ herum.
Ei, wir tun dir nichts zuleide,
flieg nur aus in Wald und Heide.
Summ, summ, summ,
Bienchen summ herum.

Neu (M. K.)

Summ summ, summ,
Ich trag (Clara) rum.
Ei mein Kindchen will bald schlafen,
träumen von den weichen Schafen.
Summ, summ, summ,
ich trag (Clara) rum.

Eine Anregung von Marianne Kunz und Volker Friebel, auf die Melodie von „Hopp, hopp, hopp, Pferdchen lauf Galopp" zu singen (Kunz, Friebel 2005):
A e i o u , wer singt gehört dazu.
Ich bin da und du und du
und der Frosch im Badeschuh.
A e i o u , wer singt gehört dazu.

Und so wird daraus ein Begrüßungslied für Kindergruppen:

A e i o u , (der Max) gehört dazu (nacheinander die Namen der Kinder einfügen).
Ich bin da und du und du
und der Frosch im Badeschuh.
A e i o u , der Max gehört dazu.

Schon die Kleinen schauen sich mit großem Interesse Bilderbücher an

Wortspielereien

Alt	*Neu (M. K.)*
Auf der Mauer auf der Lauer sitzt 'ne kleine Wanze.	Auf dem Rasen, auf dem Rasen, guck, dort rennt ein Hase.
Auf der Mauer auf der Lauer sitz 'ne kleine Wanze.	Auf dem Rasen, auf dem Rasen, guck, dort rennt ein Hase.
Seht euch mal die Wanze an, wie die Wanze tanzen kann.	Seht euch mal den Hasen an, wie der Hase rasen kann.
Auf der Mauer auf der Lauer sitzt 'ne kleine Wanze.	Auf dem Rasen, auf dem Rasen, guck, dort rennt ein Hase.

Schlaflieder

Alt	*Neu (M. K.)*
Schlaf, Kindchen schlaf.	Schlaf, (Mirco), schlaf,
Der Vater hüt` die Schaf.	am Himmel schwebt ein Schaf.
Die Mutter schüttelt`s Bäumelein,	Das Schaf, das ist so watteweich,
da fällt herab ein Träumelein,	es fliegt mit dir ins Träumereich,
schlaf, Kindchen, schlaf	schlaf, (Mirco), schlaf.

Ob „Guten Abend, gut Nacht", „Weißt du, wie viel Sternlein stehen?" oder „Der Mond ist aufgegangen": Die Melodien sind weich und schmeichelnd, die Texte stellen eine Verbindung her zur Natur, die auch zur Ruhe geht. Auf der CD Wiegenlieder (s. Anhang) finden Sie die Melodien und Texte. Lernen Sie Ihr Lieblingslied auswendig.

5
Gemeinsam für die Kleinen
Familie, Fachpersonen und andere

In diesem Kapitel geht es um lösungsorientierte Kommunikation für eine gute Erziehungspartnerschaft und den Umgang der Erwachsenen miteinander.

- ⊙ Vertraute, verfügbare und verlässliche Erwachsene: Das soziale Netz eines Kindes ist vielfältig.
- ⊙ Eltern brauchen eine sichere Basis: Je kleiner ein Kind ist, umso mehr benötigen Eltern ihrerseits Menschen im privaten und professionellen Kontext, die ihnen den Rücken stärken.

- ⊙ Das Kohärenzgefühl wird mit salutogenetischen Konzepten der Elternbegleitung gestärkt.
- ⊙ Erziehungspartnerschaft: Der gegenseitige Respekt und die Kooperation der Erwachsenen miteinander gibt einem Kind das Gefühl der Geborgenheit.
- ⊙ Bewährte Kommunikationsregeln helfen dabei, den Umgang miteinander zu gestalten, Kohärenz herzustellen und auch in Konflikten zu erhalten.

Ich gehör dazu!

Ein Kind braucht Menschen, die ihm vertraut sind, die es hegen und pflegen, die es fördern und fordern. Der real erlebte soziale Zusammenhalt und der gefühlte innere Zusammenhang ist für die Entwicklung eines kleinen Kindes zu einem mit Freude lernenden Schulkind und zu einem zukunftsfähigen Erwachsenen von entscheidender Bedeutung (→ S. 35 f.).

Ein Kind ist – bei allem Streben nach Individualität – ein durch und durch soziales Wesen. Die Strukturen in seinem Gehirn sind einzigartig und sie bilden sich im und durch den Kontakt mit anderen Menschen. Das Kind nimmt in seiner individuellen Art Sinnesreize auf und verarbeitet sie. Die emotionale Rahmung der gefühlten, gehörten und gesehenen Impulse führt zu einer tiefen Verankerung der Erfahrungen. Nicht das Spielzeug oder das Bilderbuch an sich macht ein Baby schlau. Es ist vielmehr die freudige Erregung der gemeinsamen Begeisterung von Erwachsenem und Kind über den Gegenstand, die dazu führt, dass Informationen wahrgenommen und in sein bisheriges Weltwissen integriert werden. Gleichzeitig wird das Gefühl verankert: Es macht Freude, gemeinsam etwas zu entdecken. Die emotionale Offenheit und das Vertrauen eines kleinen Kindes in sein soziales Umfeld sind grenzenlos. Es wird fit für die Zukunft, wenn es ein ausreichendes Maß an emotional positiv gefärbten Kontakten zu körperlich und seelisch-geistig präsenten Erwachsenen erlebt. Es braucht Menschen, die vertraut, verlässlich und verfügbar sind. Das dürfen gern ein paar mehr sein, außer seinen Eltern und Geschwistern auch die Großeltern, die erweiterte Familie, die Freunde und Nachbarn und der ganze Kreis der Fachleute aus Medizin und Pädagogik, die jeder auf seine Weise den sozialen Reichtum des Kindes bilden. Je intensiver das Kind erlebt, dass all diese Menschen untereinander in einem wohlwollenden Kontakt stehen und miteinander kooperieren, umso besser aufgehoben kann es sich fühlen. Und wenn es Konflikte und Unterschiede gibt, lernt es, wie man damit umgehen kann.

Die Menschen, mit denen es im direkten, gewohnten Kontakt steht, die Kontakte, die für seine Eltern bedeutsam sind, und die Interaktion der Beteiligten untereinander bilden das emotionale Netz des Kindes. Eine gute Balance aus Kontinuität und Vielfalt ist für das Kind eine Bereicherung. So erlebt es Kohärenz.

Eltern brauchen ihrerseits andere nahe Menschen, die ihnen den Rücken stärken, damit sie die aufregende Zeit der frühen Elternschaft bewältigen können. Alle Beteiligten können etwas zum Gelingen beitragen, indem sie einander respektieren und wertschätzen. Eine offene, lösungsorientierte Kommunikation hilft dabei, dass die Erwachsenen Kindern gemeinsam eine gute Basis bieten.

Das soziale Netz des Kindes: Familie und Umfeld

Kinder haben von Anfang an vielfältige soziale Bezüge. Einige von Anfang an und ganz nah, andere kommen erst später dazu und sind unverbindlicher. Auf der Basis der Beziehung zu seinen Eltern dienen sie ihm als Er-gänzung und Erweiterung seines sozialen Repertoires.

Über die Beziehungen eines Kindes zu seiner menschlichen Umwelt gibt es zur Zeit eine breite öffentliche Diskussion: Wie viel Mutter

Eltern

Großeltern

Ärztin
Therapeutin

Geschwister

Tagesmutter
Erzieherinnen

Tante

Onkel

Spielgruppe

▶ *Paula ist sechs Wochen alt. Ihre Mutter denkt, früh anfangen ist wichtig, und besucht eine Eltern-Kind-Gruppe mit ihr. Paula schreit. In ihrem vierten Lebensmonat starten sie einen neuen Versuch. Paula ist ruhig und interessiert. Jetzt schreit sie nur noch gelegentlich am Ende der Stunde, wenn es ihr zu viel wird.*

Nach den ersten drei Monaten sind die Kinder in der Welt angekommen. Sie sind stabiler und lieben es zunehmend, außer ihrer direkten Bezugsperson auch andere große und kleine Menschen zu treffen.

▶ *Jan hat eine große Familie. Die ersten Feiern hat er verschlafen. Jetzt ist er schon ein Jahr alt und liebt es, von Tanten und Onkel und Cousins begrüßt zu werden.*

▶ *Seine gleichaltrige Cousine Mia reagiert eher empfindlich auf den Trubel.*

Mama, von Anfang an nah

Vertraut ist dem Baby ganz zu Anfang die Mutter. Mit ihr hat es sich neun Monate den engen Raum in ihrem Körper geteilt, gemeinsam haben sie den wilden Sturm der Geburt durchlebt, in ihren Armen ist es angekommen, hat Schutz, Wärme und Nahrung erlebt und den vertrauten Geruch und den bekannten Rhythmus ihres Körpers wiedergefunden. Sie ist für den Säugling der Landeplatz in der Welt, und sie wird sein Leben lang etwas Einzigartiges sein. Gleichzeitig ist der junge Säugling existentiell darauf angewiesen, dass er versorgt wird, und es gibt Situationen, in denen seine Mutter das nicht

braucht ein Kind? Welche Bedeutung hat der Vater? Wie wirkt die Betreuung außerhalb der Familie? Allgemeine Antworten darauf sind in der Forschung zu finden. Individuelle Antworten gibt das jeweilige Kind durch sein Verhalten. Vor allem aber ist das Alter des Kindes zu beachten. Für einen Säugling hat die Anwesenheit der Mutter einen anderen Stellenwert als die des Vaters oder der Großmutter. Das Kind macht in seinen ersten Monaten und Jahren eine rasante Entwicklung, und das bezieht sich sowohl auf seine körperlichen wie auch seine seelischen, kognitiven und sozialen Aspekte. Sein Hunger auf soziale Reize und seine Fähigkeit, sie zu „verdauen", sind individuell unterschiedlich und altersabhängig. Umfang und Art seiner Kontakte sollten also altersgerecht und individuell ausgewählt werden.

leisten kann. Klaglos lässt sich ein Baby von anderen Menschen füttern, pflegen und trösten.

Aus den Berichten von Menschen, die früh adoptiert wurden oder aus anderen Gründen den frühen Verlust der Mutter erlebt haben, erfahren wir, dass in einem Winkel der Seele ein Gefühl von Traurigkeit, Verlassenheit und Leere bleiben kann, auch wenn sie als Kind gut versorgt wurden.

Meistens sieht heute der Alltag in Familien so aus: Die Mutter verbringt im ersten Lebensjahr mit dem kleinen Kind den großen Teil des Tages. Im Lauf vieler miteinander verlebten Stunden und Tage entwickelt sich eine enge Beziehung miteinander und eine Bindungsqualität entsteht, die mehr oder weniger sicher sein kann, je nachdem wie die Beiden miteinander passende Bewältigungsstrategien für den Alltag entwickeln (➜ S. 34 ff.).

Papa, der Dritte im Bunde

Wenn ein Mann sein neugeborenes Kind in den Armen hält, seine Verletzlichkeit und seine Stärke spürt, sich von den weit geöffneten Augen bis tief in die Seele blicken lässt, berührt ihn das tief. Diese Begegnung kann die Tür zu seinem Herzen öffnen, so dass er bereit ist, für dieses Wesen zu sorgen. Allerdings muss er aushalten, dass in der nächsten Zeit weiterhin die Mutter das Wichtigste für das Baby ist, spätestens wenn es Hunger hat. Die freundliche Präsenz des Vaters umschließt im günstigen Fall Mutter und Kind.

Das Baby erfährt früh: *Da gibt es noch einen. Seine Stimme ist tiefer, sein Körper fester, und seine Hände greifen anders zu.* Eine weitere Bindung entsteht zwischen den beiden mit einer eigenen Qualität.

Für die weitere Entwicklung ist es förderlich, wenn die Mutter ihn in ihre Beziehung zum Kind emotional einbezieht, auch wenn er vielleicht etliche Stunden außer Haus verbringt oder gar länger abwesend ist.

„Papa kommt gleich nach Hause." „Jetzt ist Papa im Büro." „Nun ist er in New York angekommen." „Jetzt spielt er Fußball, und gleich geht er mit dir spazieren". Kleine Berichte über den Abwesenden helfen dem Kind, den Kontakt zu halten. Verbringt nun stattdessen der Vater die meisten Stunden des Tages mit dem Baby und sorgt er für sein Wohlergehen, so entwickeln die beiden eine auf andere Art vertraute Beziehung.

Unabhängig davon, ob das Mutter oder Vater ist, bildet der Elternteil, der ständig mit der Pflege des kleinen Kindes zu tun hat, ein eher fürsorgendes Verhalten aus, während der andere Teil das Kind eher ein wenig fordert. So wird das Baby rascher von der Hauptpflegeperson auf den Arm genommen, wenn es weint, während der andere Teil erstmal zuwartet, ob es sich von allen beruhigt. Diese Unterschiede sind für das Kind von Gewinn. Es lernt, dass es verschiedene Möglichkeiten gibt, sich zu beruhigen: Mit Hilfe oder auch mal ganz für sich.

Geschwister, ein reicher Schatz an Erfahrungen

Mit Geschwistern lernt das Baby etwas Zusätzliches: Da sind von Anfang an auch andere Menschen, die zu ihm gehören. Dennoch sind sie nicht für seine Versorgung da, auch wenn sie ihm mal das Spielzeug reichen, sondern verfolgen durchaus eigene Ziele. Die Palette seiner sozialen Erfahrungen wird bunter. Geschwister verursachen auch Schmerz. Die Geburt eines jüngeren Geschwisters lässt die wohlgeordnete Welt eines Kleinkindes in sich zusammenstürzen. Es kann ihm jetzt sehr helfen, wenn außer den Eltern andere vertraute Personen aus seinem sozialen Netz verstärkt für das „kleine Große" da sind. Der fortgesetzte Besuch der Tagesbetreuung scheint ebenfalls hilfreich für manche Größeren zu sein. Hier ist die Welt noch wie zuvor, und das Kind kann den kleinen Eindringling für eine Weile vergessen. Geschwister fühlen Verbundenheit, und gleichzeitig erleben sie sich häufig in Konkurrenz zueinander. Solange

Opas lesen gerne vor

dieser Wettkampf nicht feindselig wird, fordert er Geschwister manchmal lebenslang dazu heraus, sich in Bezug zum anderen zu sehen und zu entwickeln. Das Geschrei und die täglichen Kämpfe im Kinderzimmer sollten Eltern nicht allzu sehr erschüttern: Auch das ist ein Teil kindlicher Entwicklung.

Oma und Opa, die andere Oma, Großvater

Die Großeltern haben großen Einfluss auf die Entwicklung der Enkelkinder, weil die jetzigen Eltern bei ihnen und mit ihnen die grundlegenden Erfahrungen über Vertrauen und Bindung gemacht haben.

> Erst wenn man weiß, wie die Enkel ausgefallen sind, kann man beurteilen, ob man seine Kinder gut erzogen hat.
> ERICH MARIA REMARQUE

Kinder profitieren sehr von den Großeltern, wenn diese die Eltern emotional und praktisch unterstützen. Außerdem stellen sie eine ganz andere Art von körperlicher und emotionaler Präsenz dar. Sie sind oft gelassener, ihre Bewegungen und ihre Berührungen sind die eines älteren Körpers. Sie kennen andere Spiele und Lieder. Wenn sie den Enkeln vorlesen und gemeinsam die Enten am Teich ansehen, erleben sie Momente geteilter Freude: Ein Gewinn für beide Seiten. Die Unterschiede im Umgang mit dem Kind zwischen Eltern und Großeltern erweitern die soziale Kompetenz des Kindes.

Bei Oma und Opa darf ich nicht mit dem Schokokeks auf das Sofa, da essen wir am Tisch. Bei Mama bekomme ich nachmittags ein Stück Apfel, bei Opa ein Stück Kuchen.

Kinder können in den meisten Fällen ohne Schwierigkeiten von einem zum anderen wechseln, wenn jeder Teil seine eigenen Regeln klar vertritt und respektiert, dass bei dem Anderen andere Regeln herrschen. Eltern können sich sicher sein, dass sie immer die Eltern für ihr Kind bleiben, auch wenn kurzfristig die Großeltern das attraktivere Angebot machen. Allerdings ist es notwendig, dass die Eltern den Großeltern grundsätzlich zutrauen, für die Sicherheit und das Wohlbefinden des Kindes sorgen zu können und zu wollen.

Patchwork

Ein Kind, das in eine Patchworkfamilie hineingeboren wird, hat den Kummer der Trennung nicht erlitten. Es erlebt, dass von Zeit zu Zeit die Halbgeschwister zu Besuch kommen und diese wiederum irgendwo noch eine Familie haben. Für die Eltern mag das anstrengend sein. Das kleine Kind betrachtet es als Teil seines Lebens von Anfang an. Oft freuen sich die Kleinen sehr über den Besuch. Auch die manchmal für den Außenstehenden verwirrend wirkenden verwandtschaftlichen Beziehungen in Patchworkfamilien können für das Kind, das da hineinwächst, sozialen Reichtum bedeuten.

Das ganze „Dorf": Tanten und Onkel, Paten und Patinnen, Nachbarn, Freunde der Eltern

Das Kind erlebt zum einen ganz unmittelbar, dass sich ihm freundliche Gesichter und Stimmen zuwenden, zum anderen beobachtet es, wie seine Eltern sich im Kontakt mit anderen Menschen verhalten. Es bilden sich innere Modelle darüber, wie man mit anderen Menschen zusammen sein kann und dass es Unterschiede in der Freundlichkeit und der Nähe gibt. Da es heute insgesamt mehr Erwachsene als kleine Kinder gibt, könnten kinderlose Erwachsene die Chance nutzen und als Tanten und Onkel aktiv werden.

Paten und Patinnen haben eine besondere Beziehung zum Kind. Sie sind ihm gegenüber die Verpflichtung eingegangen, sein Wohlergehen, seine Erziehung und seine Bildung zu unterstützen. Ursprünglich waren sie Freunde der Eltern, jetzt haben sie außerdem eine eigene Verantwortung.

Größere Geschwister spielen manchmal sogar mit dem Kleinen

Alle diese Erwachsenen im Umfeld des Kindes können sein Leben bereichern. Sie können allerdings auch zur Belastung werden,

- ⊙ wenn sie die Interessen des Kindes als Konkurrenz zu ihren eigenen sehen: *Ich will mit meiner Freundin Kaffee trinken, aber dauernd quengelt das Kind;*
- ⊙ wenn sie sich gesundheitsgefährdend verhalten, z.B. in Anwesenheit des Kindes rauchen;
- ⊙ wenn sie übergriffig sind und die körperliche Autonomie des Kindes verletzen.

Telefonnetz und weltweites Netz

Von den telefonischen oder Internet-Kontakten seiner Eltern hat das Kind keinen Gewinn. Es macht dagegen die merkwürdige Erfahrung, dass auf einen Klingelton hin Mama oder Papa sich von ihm abwenden, aus dem Kontakt gehen und von etwas in Anspruch genommen werden, das das Kind nicht sehen und nicht verstehen kann. Es kann sehr irritiert sein darüber, dass der Gesichtsausdruck der Eltern so gar nicht zu dem passt, was das Kind selbst sieht und hört. Das Kind versucht – je nach Temperament und Gelegenheit lautstark oder leise –, den gemeinsamen Moment wiederherzustellen, was ihm dann den Vorwurf einbringt, es wolle immer im Mittelpunkt stehen. Dabei ist es doch nur verwirrt, weil Mama lacht und es den Grund nicht kennt. Häufiger sieht man kleine Kinder und auch ältere mit einem resignierten Gesichtsausdruck und leerem Blick danebenstehen, während die Eltern begeistert telefonieren. Das Kind weiß schon genau, dass es gegen die Macht dieses Geräts keine Chance hat. Erwachsene heute haben sich daran gewöhnt, dass jede Form des realen Kontakts jäh durch einen Anruf unterbrochen werden kann. Sie mögen es als unhöflich betrachten oder geduldig hinnehmen. Für das Kind ist es immer ein schmerzhafter Moment: Bin ich es nicht wert, dass Mama mit mir spricht? Ist unser gemeinsames Spiel nichts wert?

Eltern könnten in der allgegenwärtigen virtuellen Kommunikationsflut Zeit-Inseln schaffen: Diese gemeinsame Stunde gehört mir mit Mama oder Papa. Der Gebrauch des Anrufbeantworters oder der Mailbox machen es möglich.

Gesundheit: Ärztinnen und Therapeutinnen

Zum sozialen Netz der Kinder gehören auch „seine" Kinderärztin und häufig auch eine Therapeutin. Physiotherapie bei motorischen Verzögerungen, Ergotherapie zur Unterstützung der Entwicklung, Logopädie bei Sprachproblemen, heilpädagogische Frühförderung bei drohender Behinderung: Viele Fachleute stehen mit ihrem Wissen und mit ihrer Freude an der Entwicklungsförderung bereit, um einem Kind über kleine oder größere Hürden in seiner Entwicklung hinwegzuhelfen. Für das Kind sind diese Termine umso angenehmer, je deutlicher es spürt, dass seine Eltern der Maßnahme zustimmen und darauf vertrauen, dass diese Person ihnen etwas Gutes tut.

Ein erstes Beratungsgespräch

Eltern-Kind Gruppen

Viele Eltern besuchen im ersten Lebensjahr des Kindes Kurse, die sie etwa ab dem 4. Lebensmonat begleiten. Es gibt viele Konzepte, die unter verschiedenen Namen (PEKiP, Spielraum, Pickler, Delfi etc.) oder einem bestimmten Thema (Massage, Bewegung, Musik) angeboten werden; andere heißen einfach Krabbelgruppe. Sie machen in der Regel alters- und entwicklungsgerechte Angebote und möchten die Entwicklung des Babys fördern. Schön und anregend sind solche Veranstaltungen für Eltern und Kind, wenn

- ● sie zum Alter und Temperament des Kindes passen,
- ● die Atmosphäre unterstützend und achtsam ist,
- ● Gemeinsamkeit und nicht Konkurrenz gefördert wird,
- ● das individuelle Tempo der Entwicklung im Vordergrund steht,
- ● die Aufmerksamkeit aller Erwachsenen eher bei den Kinder als beieinander ist,
- ● und es Eltern und Kind Freude bereitet.

Andere Kinder

Schon etwa ab dem 4. Lebensmonat sind Babys an dem interessiert, was andere Kinder tun. Sie mögen es, miteinander Zeit zu verbringen, auch wenn der Ausdruck „miteinander" spielen noch nicht ganz passt. Mit ihrer kommunikativen Kompetenz möchten Kinder Erfahrungen machen und sich weiterentwickeln. Manche lang andauernden Freundschaften beginnen schon im Windelalter. Bei der Frage, ob und wann ein Kind zur Tagesbetreuung in eine Kindergruppe gehen soll, ist also auch zu bedenken, dass die anderen Kinder neben der erwachsenen Bezugsperson wichtig sein können.

Erzieherinnen/Tagesmütter

Eine ganz besondere Rolle spielt die Person, bei der das Kind etliche Stunden seines wachen Tages verbringt. Sie wird von einer zunächst frem-

Achtung!

Es ist gut, wenn Eltern anderen Erwachsenen Vertrauen schenken und dem Kind ermöglichen, ein reiches Netz sozialer Beziehungen zu erleben. Allerdings ist es auch angebracht, ein gesundes Misstrauen zu pflegen.

Achten Sie darauf, dass das kleine Kind gut aufgehoben ist und seine körperliche und seelische Unversehrtheit gewährleistet ist. Ein laxer Umgang mit Gefahrenquellen oder Rauch stellen eine Gefährdung dar. Es muss sicher sein, dass die Aufmerksamkeit der Betreuungsperson nicht durch Alkohol, Drogen oder psychische Erkrankungen beeinträchtigt ist.

Sexuelle Übergriffe finden in jedem sozialen Milieu statt und werden vorwiegend von Personen aus dem direkten Umkreis der Kinder begangen. Da das Kind noch nicht sprechen kann, sind es oft nur unklare Anzeichen von Verstörtheit und natürlich sichtbare Spuren am Körper des Kindes, die für Eltern ein Hinweis sein können. Wenn Eltern ein diffuses, ungutes Gefühl haben und ratlos sind, kann ein Gespräch mit dem Kinderarzt oder ein Anruf beim Kinderschutzbund helfen, das weitere Vorgehen zu klären.

den Person zu einer vertrauten. Kinder entwickeln zu ihren Betreuerinnen eine herzliche Beziehung. Sie schenken ihnen ihr Vertrauen und lassen sie nah an sich heran beim Spielen, Wickeln, Essen. Das braucht eine gewisse Zeit, und die Eingewöhnung eines Kindes sollte sorgfältig von Eltern und Betreuungspersonen gestaltet werden (→ S. 124ff.). Eine einfühlsame Erzieherin, eine gut gestaltete Umgebung, die anderen Kinder und ein sinnvoller Tagesablauf ergänzen im günstigen Fall die familiären Erfahrungen eines

Kindes, und es kann hier etwas dazu gewinnen, was es zu Hause noch nicht gelernt hat. So kann z.B. ein Kind, das zu Haus eher heikel beim Essen ist, in der neuen Umgebung mit Freude und Appetit essen. Bei der Tagesmutter schläft es mittags ohne Probleme ein, zu Hause ist „Ins-Bett-Bringen" eine eher langwierige Aktion.

Die Eltern: Ein fester Punkt im Netz

Kinder haben schon von Anfang an soziale Bezüge. Die Eltern bleiben dabei immer der wichtigste Bezugspunkt für ein Kind, auch wenn es zunehmend mehr Zeit des Tages ohne sie verbringen wird. Von ihnen lernt es vor allem, wie soziale Situationen bewertet werden. Gefährlich oder schön, nah oder fremd, Vertrauen oder Vorsicht, Wärme, Distanz oder Ablehnung: Das kleine Kind erfasst blitzschnell aus der Mimik, der

Stimme und der Veränderung der Körperspannung, wie Mama oder Papa auf andere Menschen reagieren.

Wenn sich ein Kind offen anderen Menschen zuwendet, kann es das deshalb tun, weil es in seinen nahen Bezugspersonen eine sichere Basis hat. Das kleine Kind braucht ihre körperliche Anwesenheit, das ältere hat schon ein inneres Bild aufgebaut.

Bei seinen Eltern hat es auch die notwendige Sicherheit, um sich einen Wutanfall zu erlauben oder quengelig zu sein. Aus der Sicht der Eltern mag das vielleicht als zweifelhafte Ehre eingeordnet werden, aus der Perspektive des Kindes ist es ein Vertrauensbeweis und die Bitte um Hilfe beim Umgang mit überwältigenden Gefühlen. Die Eltern sind für das Kind der feste Halt im sozialen Netz.

Eltern brauchen eine sichere Basis

Wenn ein Kind geboren wird, kommen (neue) Eltern zur Welt. Auch sie tun vieles zum ersten Mal. Sie gehen mit viel Freude und Hoffnungen die neue Aufgabe und wollen möglichst alles richtig machen. Was aber ist das Richtige? Kein Tipp aus dem Internet, kein guter Rat einer Freundin, kein Buch kann die Frage beantworten: *Was passt für mein Kind und was passt zu mir.* Das Leben mit einem Neugeborenen, mit einem Säugling und einem Kleinkind ist ein steter Prozess des Fragens, Suchens und Versuchens. Manchmal sind die elterlichen Aktionen von unmittelbarem Erfolg gekrönt, das Baby sinkt in einen friedlichen Schlummer. Manchmal bleibt dieser rasche Erfolg aus: Das Baby weint länger oder öfter als erwartet, es schläft weniger, oder es isst nicht so gut wie erwünscht. Als besonders überraschend und überwältigend beschreiben die meisten jungen Eltern den Ansturm der Gefühle, die das Kind bei ihnen aus-

löst. Es ist unmöglich, sich dem zu entziehen, denn die Geburt und die Ankunft des Kindes sind physiologisch von mächtigen hormonellen Prozessen begleitet (s. Bonding, S. 28 und Berührung, S. 92 ff.).

Zudem ändern sich für junge Eltern die Beziehungen in ihrem sozialen Gefüge. Ihre Beziehung zueinander, das Verhältnis zu ihren Eltern, zu ihren Freunden, ihre Stellung am Arbeitsplatz, ihr Tageslauf: Alles wird neu geordnet (vgl. Klein/Schön/Stüwe 2009)

Eigene ausreichend sichere Bindungsmuster erlauben nicht nur Kindern, sondern auch jungen Eltern (und allen Menschen in jedem Lebensalter), sich Unterstützung beieinander und bei anderen nahen, verlässlichen Personen zu suchen. Andere Eltern, deren inneres Bindungsmodell weniger sicher ist, stehen vor einer weiteren Aufgabe. Für sie ist es manchmal nicht leicht, die Hilfe zu bekommen, die sie benötigen, um sowohl ihre Unsicherheit als auch ihre Freude bewältigen zu können.

Manchmal finden Mütter oder Väter bei ihren eigenen Müttern, Vätern oder Geschwistern Aufmerksamkeit, Trost und Mitgefühl, auch wenn diese genau das weniger geben konnten, als die heutigen Eltern noch kleine Kinder waren. Es ist immer wieder zu beobachten, dass sich das Verhältnis zwischen Eltern und Großeltern mit der Geburt eines Kindes deutlich vertieft.

Chats im Internet erfüllen die Bedürfnisse nach unterstützendem Kontakt nur vordergründig. Vor allem die dort und in manchen Publikationen gepflegte ironisch- distanzierte Ausdrucksweise schafft zwar kurzfristig Erleichterung, bietet aber wenig Hilfe, um sich den eigenen Gefühlen und den emotionalen Bedürfnissen eines kleinen Kindes zu öffnen. Die Anonymität verführt zu krassen Äußerungen, die nur einem Teil der differenzierten Seelenlage entspricht.

Mutter und Fachfrau finden eine gemeinsame Ebene

Einer Frau geben vor allem weibliche Netzwerke die emotionale Sicherheit, die sie braucht, um die Unsicherheiten der ersten Zeit zu überwinden. Für werdende und frische Väter sind eher die eigene Partnerin, womöglich auch Freunde oder der eigene Vater hilfreich.

Auch Fachleute können in gewisser Weise für eine Zeit die Rolle der sicheren Basis erfüllen: Eine einfühlsame Gynäkologin, eine Hebamme, die Leiterin der Eltern-Kind-Gruppe, der Kinderarzt. Wenn die Eltern das Gefühl haben, in ihrer Person gesehen zu werde und Respekt und

Wohlwollen empfinden, können sie daraus die Kraft schöpfen, die sie brauchen, um sich den Wellen der Gefühle anzuvertrauen und gleichzeitig ganz praktisch den Alltag zu bewältigen. Der Beginn der Tagesbetreuung ist der nächste große Schritt, der viele Fragen mit sich bringt. Jetzt ist es im günstigen Fall die Tagesmutter oder die Erzieherin, der die Eltern ihr Vertrauen schenken können, um sich von ihnen durch diese Zeit begleiten zu lassen. Diese Aufgabe kommt für Fachkräfte in der Tagespflege oft überraschend, haben sie doch den Beruf zunächst vor allem deshalb ergriffen, weil sie gern mit kleinen Kindern zusammen sind.

Salutogenetische Anregungen für junge Eltern: Kompetenz für aufregende Zeiten

Anregungen für die unterstützende Begleitung junger Eltern lassen sich aus dem Konzept der Salutogenese ableiten (zur Theorie ➜ S. 14 ff.), bei dem das Kohärenzgefühl der Eltern gestärkt und damit ihre Kompetenz gefördert werden soll, um diese natürliche Lebenskrise zu bewältigen.

Zur Erinnerung: Kohärenzgefühl beschreibt das Empfinden, Teil eines größeren äußeren Zusammenhangs zu sein und das Gefühl zu haben, dass das eigene Leben stimmig ist.

Es wächst, wenn

- Menschen verstehen und einordnen können, was ihnen geschieht,
- sie wissen, wo und wie sie handeln können und es auch tun (und auch wissen, wo sie keine Verantwortung haben und nicht handeln können),
- sie den Ereignissen einen Sinn geben können. Eigen-Sinn, das Bewusstsein für sich selbst, über seine eigenen Grenzen und Potenziale auch auf der körperlichen Ebene, stärkt die Gesundheit.

Anregungen

1. Verbindungen sichtbar machen

Nehmen Sie sich ein Blatt Papier, und malen Sie sich selbst als Strichfigur in die Mitte. Dann zeichnen Sie alle Menschen, mit denen Sie nah oder entfernt zu tun haben, um sich herum. Die vertrauteren Menschen bekommen dabei einen Platz in Ihrer Nähe, andere rücken eher an den Rand des Blattes. Ziehen Sie jetzt eine Linie von sich zu jeder der anderen Figuren, und schreiben Sie daran, wie genau diese Person Sie jetzt unterstützen kann.

Ihre Mutter z. B. wohnt zwar weit weg, hat aber angeboten, in jeder Woche für einen Tag zu kommen. Sie sind sicher, dass sie Ihnen das Mutter-Sein zutraut.

Ihre Freundin ist zwar voll berufstätig, würde aber Mittwoch abends gern für Sie kochen. Sie hat so ein ansteckendes Lachen.

Ihre Schwester wohnt seit einigen Jahren in den USA. Ihre Kinder sind zwei und vier Jahre alt. Das Tagebuch, das sie Ihnen geschenkt hat, erinnert sie oft an sie. Ihnen tut es gut zu wissen, dass sie an Sie denkt und dass sie es ja auch geschafft hat!

So entsteht das Bild Ihres sozialen Netzes, und Sie fühlen sich möglicherweise gut verbunden mit einer ganzen Reihe anderer Menschen, die an Sie denken und die Sie mögen. Das hilft gegen das deprimierende Gefühl, allein zu sein.

2. Verstehen

Die Ereignisse rund um die Geburt, Verhaltensweisen des Kindes, eigene Gefühle, später auch die großen Gefühlsausbrüche des Kleinkindes: Wenn Eltern verstehen und einordnen können, was ihnen widerfährt, können sie oft gelassener reagieren. Ein gutes Sachbuch oder die Erklärungen einer Fachperson sind oft hilfreich.

3. Den Handlungsspielraum klären

Das ist eine besonders wichtige Frage für das Kompetenzgefühl von Eltern: Wo genau können sie handeln und wo nicht? Es wird beispielsweise von ihnen erwartet, dafür zu sorgen, dass der Nachwuchs überhaupt kommt, dass nicht zu viel und nicht zu wenig Kinder geboren werden, dass die Kleinen nicht stören und sie als Große dann nützliche Mitglieder der Gesellschaft werden. Gleichzeitig wird heute erwartet, dass die Eltern beide berufstätig sind, weil die Gesellschaft gerade mal wieder Fachkräfte braucht – diese Anforderungen sind gewaltig!

Handlungsspielraum 1: Es ist kaum vorstellbar, dass zwei Erwachsene voll berufstätig sind, nach einem langen Arbeitstag den Haushalt managen (wozu neben waschen, kochen, putzen … auch viel Papierkram gehört), ihre Paarbeziehung pflegen, eigenen Interessen nachgehen, für Gesundheit und Fitness sorgen und dabei den Bedürfnissen der Kinder entsprechend emotional, geistig und körperlich präsent sind. Das Glanzbild der erfolgreichen Familie schafft eine chronische Überforderung und kann krank machen. Jede Familie steht vor der Herausforderung, für sich herauszufinden, was ihren Möglichkeiten und ihrem Temperament entspricht. Verabschieden Sie sich vom Ideal! Dabei kann es helfen, sich deutlich zu machen, dass sich in einigen Jahren die Situation mit dem Alter der Kinder verändert haben wird. So intensiv wie jetzt braucht Ihr Kind Ihre Präsenz vor allem in den ersten Jahren. Nehmen Sie sich die Zeit dafür!

Handlungsspielraum 2: Jede Mutter, jeder Vater kann sich fragen: Was liegt in meiner Macht und was nicht? Worauf habe ich Einfluss und worauf nicht?

Ich kann gesundes Essen auf den Tisch bringen und für eine schöne Atmosphäre bei der Mahlzeit sorgen. Ich kann nicht mein Kind zwingen, das Gemüse aufzuessen.

Ich kann mein Kind der Witterung angemessen anziehen. Ich kann nicht verhindern, dass es einen Schnupfen bekommt.

Ich kann selbst auf das Rauchen verzichten. Ich kann nicht verhindern, dass mein Kind dennoch viele Schadstoffe einatmet.

Ich kann ruhig und freundlich bleiben. Ich kann nicht verhindern, dass mein Zweijähriges einen lautstarken Wutanfall im Supermarkt bekommt.

4. Sinn entdecken

Denken Sie daran, wozu die ganze Mühe lohnt: Das Lachen des Kindes in guten Momenten, die gemeinsame Freude beim Entdecken einer Pusteblume: Der Alltag mit einem Kleinkind hat viele kleine, schöne Augenblicke.

Es hilft oft, sich die Frage zu stellen: Was ist mir wirklich wichtig im Leben? Und darüber mit nahen Menschen zu sprechen. So können Sie erkennen, ob das, was Sie tun, mit Ihren Werten übereinstimmt. Tut es das, sind Anstrengungen und Belastungen besser auszuhalten.

Sinn ergibt sich auch aus dem Gefühl einer spirituellen Zugehörigkeit. Gerade mit kleinen Kindern besinnen sich Eltern häufig auf Rituale im Jahreskreis oder auf ihre religiöse Tradition. Die Taufe oder eine ähnliche Feier ist eine schöne Möglichkeit, sich selbst und das Kind in den Kreis einer größeren Gemeinschaft und eines höheren Zusammenhangs zu stellen.

> „Alle sind bei dir, liebes Kind. Und auch alle, die vor ihnen waren. Keine Angst, liebes Kind."
> HEINRICH BÖLL

Kooperation der Erwachsenen: Erziehungspartnerschaft

Ein wichtiges Thema ist das Zusammenwirken von Eltern und den Fachkräften, die beruflich kleine Kinder betreuen. Eltern geben ihr Kind in die Obhut einer zunächst fremden Person, der Tagesmutter oder der Erzieherin in der Krippe. Hier wird es nun einige Stunden des Tages verbringen, die Pflegeperson wird mit ihm lachen, es trösten und all die vielen kleinen Dinge tun, die bisher den Eltern vorbehalten waren. Es könnte die Frage auftauchen. Wird mein Kind am Ende die Erzieherin lieber mögen als mich? Zudem ist hier das Kind in der Regel nicht allein. Wird es beachtet werden, wenn fünf, acht oder zehn andere „Bärenkinder", „Marienkäfer" oder wie die Gruppen immer heißen, zu betreuen sind?

Im günstigen Fall gelingt es Eltern und der Pflegeperson, miteinander ein Verhältnis zu entwickeln, in welchem sie

⊙ einander respektieren,
⊙ Unterschiede akzeptieren und
⊙ eine klare Rollenverteilung haben.

Eine Partnerschaft entsteht, deren Bezugspunkt das gemeinsame Interesse am Wohl des Kindes

Diese Kinder fühlen sich mit ihrer Fachfrau wohl: in der Babygruppe

ist, also an seinem aktuellen Wohlbefinden und seiner Entwicklung.

Eine gute Frühbetreuung kann für alle Beteiligten zur bereichernden Ergänzung der familiären Erziehung werden. Wie in jeder Kooperation gelingt das Zusammenspiel umso besser, je mehr die Beteiligten sich gegenseitig als Menschen mit Besonderheiten, mit Vorlieben und Abneigungen respektieren. Im privaten Leben würden sie sich vielleicht nie begegnen, weil ihre Lebenswelten so unterschiedlich sind. Nun haben sie ein gemeinsames Interesse und sehen sich annähernd täglich.

Es lohnt sich, dem Aufbau und der Pflege dieses Kontakts Zeit und Energie zu widmen. Wenn die Partnerschaft gelingt, kann das Kind die gro-ße Herausforderung bewältigen, weil es sich gut aufgehoben fühlt in einem Netz unterschiedlicher und miteinander kooperierender Erwachsener.

Ein Kind: verschiedene Perspektiven

In Bezug auf das Kind übernehmen Eltern und Betreuungspersonen dieselben Aufgaben bei der Pflege, den Mahlzeiten, beim Tragen und beim Spielen, dennoch ist ihre Beziehung zum Kind ungleich (vgl. Maywald 2010):

⊙ Eltern kennen ihr Kind, seine Stimmungen, seine bisherigen Verhaltensweisen ganz genau. Die Tagesmutter oder die Erzieherin kennt dieses Kind zunächst noch nicht, sie ist aber fachkundig für Kinder im Allgemei-

Erste Kontaktaufnahme

nen und hat einen kompetenten Blick auf die kindliche Entwicklung.

- ⊙ Eltern erleben ihr Kind rund um die Uhr, die Fachkraft kennt es nur in einem bestimmten Zeitfenster.
- ⊙ Eltern sehen ihr eigenes Kind, die Betreuerin sieht das Kind als Teil der Gruppe. So blicken Eltern und Erzieherin zwar auf dasselbe Kind, sehen aber andere Aspekte und Perspektiven und bewerten sie unter Umständen unterschiedlich. Wie auch in anderen Bereichen menschlichen Zusammenwirkens passt hier der Satz: Jeder Menschen hat seine eigene Wirklichkeit ... und hält sie für die Wahrheit. Es kann viele Wahrheiten nebeneinander geben. Die grundsätzliche Anerkennung der Wahrheit der anderen Person und das Interesse daran löst viele Konflikte.

Who is who: Klare Rollen

Die Eltern bleiben immer die Eltern des Kindes. Sie waren sein bisheriges Leben lang tief mit ihm verbunden und werden es in der Zukunft sein. Alles, was sie für ihr Kind tun, geschieht aus Zuneigung oder Verantwortung.

Die Tagesbetreuung ist für einige Stunden am Tag für das Kind da, vielleicht für die nächsten zwei Jahre. Die Betreuerin kann ihren Job kündigen, sie kann auswandern oder selbst ein Baby bekommen. Sie handelt mit ihrer persönlichen Art von Zuneigung und arbeitet verantwortlich; die Betreuung des Kindes ist zugleich immer definiert und geprägt als ihre Profession, unter zeitlichen und vielen anderen institutionellen Bedingungen.

Diese im Kern unterschiedlichen Rollen sind anzuerkennen. Konflikte können entstehen, wenn Eltern erwarten, dass die Fachkraft sich dem Kind ebenso vollständig verpflichtet fühlt wie sie selbst, oder wenn die Fachkraft sich als die „bessere Mutter" fühlt. Immer sollte man sich die Frage stellen: Was ist meine Aufgabe, meine Rolle? Wo habe ich meinen Handlungsspielraum

und wo nicht? Wo liegt meine Verantwortung und wo endet sie? Diese Fragen sorgen für Entspannung, mögliche Unklarheiten und Verstrickungen lösen sich.

Der Übergang: Ein großer Schritt

Für einen guten Start in die Tagesbetreuung ist ein sorgfältig geplanter Übergang von entscheidender Bedeutung.

Der erste Schritt besteht darin, dass sich die Eltern darüber klar werden, ob sie ihr Kind zu diesem Zeitpunkt tagsüber für einige Stunden betreuen lassen wollen. In manchen Lebenssituationen haben Eltern keine Wahl, in anderen scheint es nur so zu sein. Bleibt bei ihnen eine hohe Ambivalenz, so kann es für alle schwierig werden. Dann ist es besser, einfach noch ein halbes Jahr zu warten.

Lassen Sie sich nicht drängen und folgen Sie Ihrem Gefühl. Überlegen Sie gemeinsam, was für den gegenwärtigen Zeitpunkt die bessere Lösung ist. Mit Beginn der Tagespflege endet eine Phase in Ihrem Leben. Ab jetzt sind Sie den Terminanforderungen der Einrichtung unterworfen, die z.B. erwartet, dass alle Kinder bis 9 Uhr da sind. Meistens beginnt jetzt auch wieder die Berufstätigkeit, und unverplante Zeit wird ein knappes Gut für die ganze Familie. Andererseits ist es auch verlockend, ab jetzt wieder einige Stunden des Tages unter Erwachsenen zu verbringen und nicht vollständig im „Babymodus" zu bleiben.

Eine geringe Ambivalenz der Eltern und ein großes Vertrauen zur gewählten Einrichtung gibt den Eltern und dem Kind gleichermaßen ein sichere Gefühl.

Die Auswahl der Einrichtung, auch die Entscheidung für eine Tagesmutter oder eine Krippe hängt von ganz praktischen Faktoren ab: Was gibt es in der Nähe? Wer hat einen Platz? Passen die angebotenen Zeiten zu unseren Bedürfnissen?

Dann sind inhaltliche Fragen zu klären: Gibt es genügend erwachsene Menschen für die Anzahl der Kinder? Kann ich mir mein Kind in dieser Gruppe vorstellen? Existiert ein nachvollziehbares Konzept? Wirkt es hier laut und hektisch oder fröhlich und gelassen? Passen die Wertvorstellungen der Einrichtung zu unseren? Sind mir die Menschen und die Räume sympathisch? Vertrauen Sie absolut Ihrer Intuition!

Lasst mir Zeit!

Die Zeit in ihren verschiedenen Dimensionen als Zeitpunkt und Zeitraum spielt eine große Rolle für das Gelingen der Tagesbetreuung.

Der Zeitpunkt:
Ein Kind sollte erst dann betreut werden, wenn es den neuen Umweltreizen gewachsen ist. Das hängt zum einen von der Umgebung ab: Wie viele Kinder werden betreut? Wie laut ist es? Und zum anderen von der Fähigkeit des Kindes, Reize zu verarbeiten oder auszublenden. Die Eltern kennen ihr Kind und wissen, ob sie ihm den Wechsel jetzt schon zumuten können.
Bis zum Ende des ersten Lebensjahres ist die Entwicklung der Bindung an seine primären Bezugspersonen noch im Aufbau. Eine frühe, tägliche und langdauernde Betreuung ist für manche Kinder in diesem Zeitraum irritierend.

Die tägliche Dauer:
Die Stunden in der Kindergruppe sind für ein Kind wie ein Arbeitstag. Dauert er zu lang, so bleibt nur noch wenig Energie und Zeit übrig, um mit den Eltern gemeinsame schöne Zeit zu erleben.

Die Zeit bei der täglichen Übergabe:
Jeden Tag aufs Neue muss sich das Kind auf die andere Umgebung und die anderen Menschen einstellen. Das dauert ein wenig. Es klappt in der Regel besser, wenn die Erwachsenen eine Übergabezeit von ca. zehn Minuten morgens und mittags einplanen. Sind die Erwachsenen in Eile, empfindet das Kind dies als Spannung. Sein Bin-

dungsgefühl sagt ihm: Ganz fest zu Mama oder Papa, da ist es sicher! Es entsteht eine paradoxe Situation.

Die Zeit zur Eingewöhnung:
Hier sollten vier Wochen eingeplant werden, in denen in kleinen Schritten die Anbindung an die Betreuungsperson erfolgen kann (s. Kasten, S. 126). Kleine Kinder wünschen sich von ihren Erwachsenen: Lasst mir Zeit!

Eingewöhnung in die Tagespflege

Auf den Anfang kommt es an! Die Eingewöhnung kleiner Kinder in die Tagesbetreuung ist eine bedeutsame Zeit für alle. Eltern und Kind erleben viele Dinge jetzt zum ersten Mal. Das Kind baut eine ganz neuartige Bindungsbeziehung auf, die Eltern vertrauen ihr Kleines einer noch fremden Person an. Das Kind wird Teil einer Gruppe, die Erwachsenen gehen eine Erziehungspartnerschaft ein. Jetzt kommt es darauf an, dass alle Beteiligten einen guten Kontakt zueinander finden. Insgesamt dauert die Eingewöhnung etwa einen Monat, und der Elternteil, der dies übernimmt, sollte in dieser Zeit keine anderen Verpflichtungen haben.

Ein kleines Abschiedsritual und absolute Pünktlichkeit beim Abholen erleichtern dem Kind den Übergang. Wenn es sich auch bei Kummer und Schrecken von der Erzieherin trösten lässt, wenn es entspannt spielt und bei der Ankunft in der Einrichtung Freude zeigt, dann ist es „angekommen". Einige Abschiedstränen und vielleicht auch etwas Weinen bei der Wiederkehr der Eltern zeigen nur: Ich vermisse dich, wenn du weg bist, und das möchte ich dir zeigen. Jeder Abschied ist schließlich auch ein wenig traurig, und jeder Übergang erfordert Anpassung.

Kontakt aufnehmen

Zwischen Eltern und Kind ist der Kontakt einfach da, seit Beginn des gemeinsamen Lebens. Jetzt stehen Tagesmutter oder Erzieherin und Kind vor der Aufgabe, Kontakt miteinander herzustellen. Dabei sollten die Erwachsenen dem Kind die Führung und das Tempo überlassen. Sie können auf seine soziale Neugier vertrauen. Es wird sich so weit vorwagen, wie es sich gerade sicher fühlt, und zu Beginn häufig zu seiner sicheren Basis zurückkehren.

Der Pädagoge Martin Sievers hat dazu einige Anregungen, die er im Unterricht für Tagesmütter vorstellt:

Wie nähere ich mich dem Kind?

- Mit der inneren Haltung: „nichts wollen, sondern zulassen"
- Mit Zeit, Gelassenheit, Respekt und Offenheit für die Eltern, das Kind und den Prozess. Das drückt sich in der Körperhaltung, Sprache, Klang der Stimme, Mimik und Körperhaltung aus. Und es gibt Eltern und Kind das Gefühl, wir haben alle Zeit der Welt.
- Raum geben: Aus der Distanz kann das Kind Sie zunächst beobachten und ein wenig flirten. Dann streckt es vielleicht eine Hand aus, die Sie mit Ihrem Finger berühren usw.

Das „Berliner Modell" wird in vielen Einrichtungen praktiziert. Es beruht auf den Erkenntnissen der Bindungstheorie und ist gut untersucht (Hédervári-Heller 2011). Der Grundgedanke ist dabei, dass das Kind sich immer ausreichend sicher fühlt und nicht für längere Zeit weint.

Es gibt zwei Grundprinzipien und fünf Schritte für die Eingewöhnung:

Das Kind bestimmt das Tempo
Die Erwachsenen drängen das Kind nicht, Kontakt aufzunehmen. Es darf so lange von Mamas Schoß oder auf Papas Arm die neue Umgebung betrachten, wie es mag und braucht. Den Kontakt zur Erzieherin stellt es selbst her, diese antwortet nur.

Transparenz und Offenheit zwischen allen Beteiligten
Die Eltern verabschieden sich von ihrem Kind, wenn sie weggehen.
Die Erzieherin sagt dem Kind aufrichtig, wann sie wiederkommen.
Die Eltern können sich darauf verlassen, dass die Fachfrau ihnen sagt, ob und wie lange das Kind geweint hat, während sie weg waren.

Die fünf Schritte:
1. *Vereinbarungen über den Ablauf im Vorgespräch*
2. *Dreitägige Grundphase: Ein Elternteil ist die ganze Zeit über anwesend, bietet dem Kind eine sichere Basis, bei der es jederzeit auftanken kann, und übernimmt das Wickeln und die Mahlzeit.*
3. *Der erste Versuch: Nach drei Tagen verlässt Vater oder Mutter kurz nach der gemeinsamen Ankunft den Raum. Wenn das Kind weint und sich nach wenigen Minuten nicht beruhigen lässt, kommen die Eltern wieder und trösten es. Diese Phase kann bis zu zwei Wochen dauern.*
4. *Stabilisierung: Nun beginnt die Erzieherin, das Kind in Anwesenheit des Elternteils zu versorgen, die Windeln zu wechseln, die Mahlzeit zu geben. Die Eltern machen dem Kind deutlich, dass hier die Regeln der Einrichtung herrschen und dass sie selbst diese anerkennen.*
5. *Schlussphase: Nun bleibt das Kind allein, die Eltern sind aber bereit zu kommen, wenn das Kind sie braucht.*

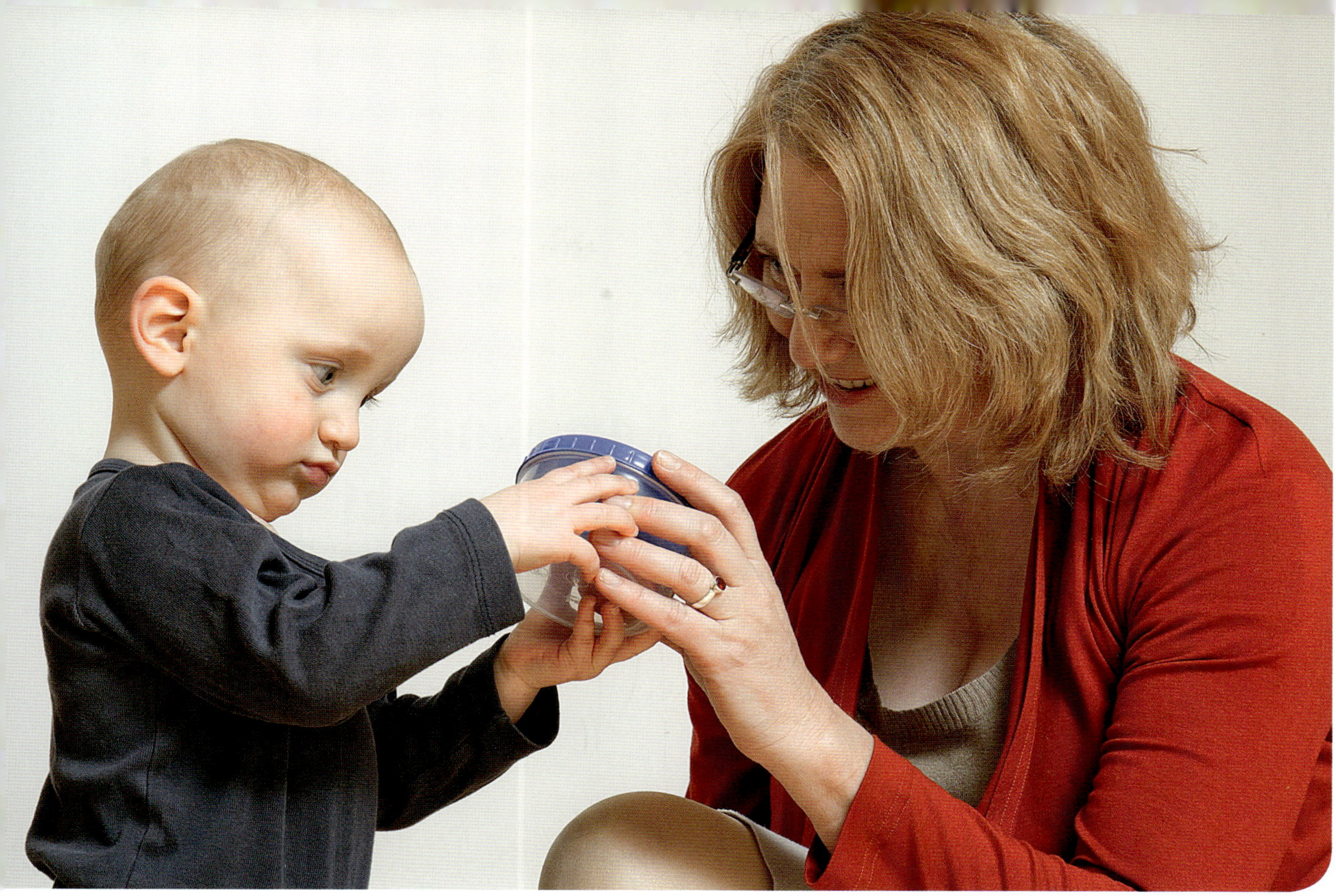

Erste Vertrauensbeweise: Wir untersuchen die Dose ... Und Jona bringt mir einen kleinen Ball zum gemeinsamen Spielen

- ⊙ Erstmal zuschauen: Begrüßen Sie zunächst die Eltern. Dann kann das Kind beobachten, wie diese reagieren, und daraus den Schluss ziehen, dass Sie zur Kategorie der freundlich willkommenen Menschen gehören.
- ⊙ Überraschungen vermeiden: Nähern Sie sich dem Kind so, dass es sehen kann, wer da kommt.
- ⊙ Mit dem Kind sprechen und um Erlaubnis fragen, z.B. bei Berührung: „Darf ich deinen Fuß anfassen?" „Ist es o.k.? Darf ich dich tragen?"
- ⊙ Respekt für die Gefühle des Kindes: Sie sind erlaubt!

Das Vertrauen eines Kindes ist einerseits ein Geschenk, das es uns macht. Andererseits müssen wir es uns erwerben und uns dessen würdig erweisen.

Merkmale des passenden Umgangs zwischen Erwachsenem und kleinem Kind, die sich in Spra-

che, Klang der Stimme, Mimik und Körperhaltung ausdrücken (Largo 2009):

- ⦿ Verlangsamung,
- ⦿ angemessene Nähe,
- ⦿ Wiederholung,
- ⦿ überdeutlicher Ausdruck.

Diese Merkmale des Umgangs könnten auch hilfreich sein für die Kontaktaufnahme zwischen Erzieherin und dem Kind in abgestufter Form, je nach Alter des Kindes.

Lösungsorientierte Kommunikation: Der gute Ton schafft Kontakt

Eine kleine persönliche Anmerkung vorweg: In meiner Praxis berate ich Eltern, und in meinen Seminaren unterrichte ich Fachleute aus pädagogischen und medizinischen Arbeitsfeldern. Sowohl im Unterricht als auch in der Beratung arbeite ich mit der inneren Haltung und den Methoden der lösungsorientierten Beratung (LOB). Oft wünschen sich die Eltern, dass Fachleute im Gesundheitsbereich und in der Frühpädagogik diese Methoden kennen und anwenden. Auf der anderen Seite wünschen sich die Fachleute, dass auch Eltern die Regeln guter Kommunikation kennen.

Vor allem bei Meinungsverschiedenheiten könnte es für beide Seiten nützlich sein, etwas über lösungsorientierte Kommunikation zu erfahren, damit die Partnerschaft gelingt. Das Modell der lösungsorientierten Kommunikation ergänzt das Konzept der Salutogenese durch konkrete Anregungen für den Umgang miteinander. Verbundenheit und innere Stimmigkeit (Kohärenz) wird gefördert durch Wertschätzung und Ressourcenorientierung. Im Dialog finden wir die Wünsche oder Ziele des Anderen heraus und welches der nächste konkrete, machbare Schritt in diese Richtung ist.

> „Die Verbindung ist da. Man muss sie nur nicht stören."
> STEVE DE SHAZER

Lösungsorientierte Kommunikation basiert auf den Erkenntnissen der systemischen Therapie, des Konstruktivismus und der Hypnose nach Milton Erickson. Das Forscher- und Therapeutenpaar Steve de Shazer und Insoo Kim Berg und ihre Kollegen haben sich gefragt: Was hilft dem Klienten? Sie beobachteten, dass es für Menschen leichter ist, etwas Neues, Erwünschtes zu entwickeln und umzusetzen als alte, schwierige Verhaltensweisen zu beenden.

Wenn jemand weiß, wovon er weg will, ist noch nicht automatisch klar, wo er hin will. Neue Wege brauchen ein Ziel oder zumindest eine Vorstellung von der Richtung. Diese systematischen Beobachtungen menschlichen Verhaltens werden von den Forschungen der Neurobiologie bestätigt.

Der lösungsorientierte Ansatz findet heute Anwendung in Beratung, Therapie, Familientherapie und Coaching und hat mit seiner radikalen, produktiven Denkweise viele therapeutische Ansätze befruchtet. Er bietet eine durchdachte Grundlage für hilfreiche kommunikative Regeln für viele Lebenssituationen (Berg/de Jong 2004)

Die innere Haltung – Grundannahmen des lösungsorientiert-systemischen Denkens

Jeder Mensch handelt aus einem für ihn in diesem Moment guten Grund.

Auch wenn uns das Verhalten andere Menschen absurd vorkommt oder wir uns selbst später nicht mehr verstehen: In diesem Moment gab es einen überzeugenden Impuls für genau dieses und kein anderes Verhalten.

Menschen sind nicht instruierbar.

Wir können niemanden zwingen, sein Verhalten zu ändern, wir können ihm nur gute Gründe dafür bieten und ihn dazu verlocken. Das gilt auch für den Umgang mit uns selbst. Die Neurobiologie liefert hierzu eine Beobachtung: Nur wenn die Belohnungssysteme im Gehirn aktiviert sind, können wir Neues lernen und Verhalten ändern.

Jeder Mensch hat seine eigene Wirklichkeit und hält sie für die Wahrheit.

Zunächst gilt es anzuerkennen, dass jeder Mensch die Welt aus seiner eigenen Perspektive und mit seinen eigenen Augen sieht. Spannend und manchmal konfliktreich wird es, weil unweigerlich die Bewertung der Ereignisse durch jeden Menschen anders ausfällt und jeder dazu neigt, seine Sicht der Dinge für die Wahrheit zu halten. Jetzt ist die Annäherung im Dialog notwendig.

Menschen wachsen, lernen und entwickeln sich auf der Basis ihrer Stärken, Fähigkeiten und Möglichkeiten.

Wertschätzung und Anerkennung durch Andere helfen Menschen, sich ihrer eigenen Ressourcen bewusst zu werden. Auf dieser sicheren Basis fällt Veränderung leichter.

> „Wenn es nur eine Wahrheit gäbe, könnte man nicht so viele Bilder über einen Gegenstand malen."
> PABLO PICASSO

Wertschätzung und Anerkennung tun gut

Praktische Anregungen – für Eltern und Fachleute

Komplimente sind Brücken zum Herzen der Menschen.

Vor allem bei unserem Thema, wie wir einen guten Kontakt zum Wohl eines kleinen Kindes aufbauen, ist eine positive emotionale Färbung des Umgangs miteinander ein wichtiges Element.

Üben Sie sich darin, etwas Angenehmes an Ihrem Mitmenschen zu entdecken. Schauen Sie hin, hören Sie auf die Stimme. Sprechen Sie aus, was Ihnen aufrichtig (!) gefällt.

Es stärkt Menschen, wenn sie über ihre Stärken sprechen können.

Üben Sie sich in der Kunst, „schöne" Fragen zu stellen. Schöne Fragen bringen das gegenüber dazu, über Angenehmes, Erfolgreiches nachzudenken und für möglich zu halten, dass die Person selbst zu dem Erfolg beigetragen hat, z.B. Wie machen Sie das, dass Marie bei Ihnen so gut isst? Woher kann Lennart so viele Lieder? Sie sind immer so ruhig. Wie schaffen Sie das?

Wenn wir die Klage eines Menschen hören, kennen wir noch nicht seine Wünsche.

Es ist eine weitverbreitete Angewohnheit, ausgiebig seine Klagen und Beschwerden zusammenzutragen und zu berichten: „Die Eltern kommen immer zu spät! Sie sind hektisch ... Sie reden zu viel/zu wenig ...", oder: „Die Erzieherin ist kurz angebunden ... Sie redet so laut ... Sie hat keine Zeit für mich ..." Aus diesen Klagen lässt sich nicht ohne weiteres ableiten, wie sich die Person einen guten Zustand vorstellt, was genau sie sich wünscht. Erst wenn wir das wissen, können wir gemeinsam Lösungen finden. Die Frage lautet: Sie möchten nicht mehr ... sondern?

Die VW- Regel – Vorwurf oder Wunsch

Üben Sie sich darin, aus einem Vorwurf, den sie sich oder anderen machen, einen Wunsch zu formulieren: „Du unterbrichst mich immer" ist der Vorwurf. „Ich möchte dass du mir jetzt zuhörst!", wäre der Wunsch. Einen Vorwurf möchte man gern sofort abwehren, einem Wunsch könnte man vielleicht entsprechen (Prior 2002). Und dabei nicht vergessen: Menschen sind nicht instruierbar!

Beobachtung und Bewertung sind unterschiedliche Dinge.

Was habe ich/Was haben Sie beobachtet? Das ist die erste Frage, die wir uns selbst und unserem Gegenüber stellen können. Sie werden sehen, dass es gar nicht so leicht ist, diese Frage zu beantworten. Beobachtung und Bewertung mischen sich allzu schnell.

Was bedeutet das für mich/für Sie?, lautet die anschließende Frage.

Ein Beispiel: Die Erzieherin Frau F. ärgert sich darüber, dass Herr N. Leo oft zu spät zur Kita bringt. Zunächst fragt sie sich: Wann und wie oft genau kommt er zu spät? Sie bittet ihn um ein Gespräch und teilt ihm ihre Beobachtungen mit. Sie beschreibt ihm, welche Folgen das für sie und die Gruppe hat. Er stimmt ihrer Beobachtung zu, ja, er ist in der letzten Woche an drei Tagen jeweils etwa eine halbe Stunde später gekommen als vereinbart war. Ihm war nicht bewusst, dass das für Frau F. und die Gruppe so störend ist, er fand es nett, mit Leo ein wenig zu trödeln. Es fällt ihm leicht, in der kommenden Woche halbwegs rechtzeitig zu kommen.

ZDF – Zahlen, Daten, Fakten

Genaue Beobachtungen sind eine gute Grundlage für ein Gespräch (s. Gesprächsbogen). Manchmal ist es hilfreich, sich Notizen zu machen.

Wir beraten uns miteinander (Gesprächsbogen)

Datum: _____ Name(n) der Famiie: _____

Name des Kindes: _____ geb. am: _____

Anwesend: _____

Anlass, Fragestellung, Thema der Erzieherin: _____

Anlass, Fragestellung, Thema der Eltern: _____

Beobachtungen (ZDF: Zahlen, Daten, Fakten!)
Beobachtungen der Eltern (ZDF!) *(Was haben Sie beobachtet?)*

_____   _____

Motorisch   *Sensorisch: sehen, hören,*
                                              riechen, schmecken, fühlen

_____

Sprache, Kommunikation

_____

Sozialverhalten, Kontakt

_____   _____

mit Kindern   mit Erwachsenen

_____

Emotional
Stimmung (morgens, mittags nachmittags)

_____

Bewältigung von Krisen

_____

Schlafen

_____

Essen

Beobachtungen des Verhaltens der Erwachsenen (ZDF!):

_____   _____

Aus der Sicht der Erzieherin   _Aus der Sicht der Eltern_

    (Es dürfen gern auch erfreuliche Beobachtungen genannt werden!

Bewertung

_____

Aus der Sicht der Eltern
(Was bedeutet das für Sie? Was davon ist gut/soll so bleiben/soll öfter passieren?)

_____

Wo haben Sie Fragen? Sorgen?

_____

Aus der Sicht der Erzieherin
Was davon ist gut/soll so bleiben/soll öfter passieren/möchte ich unterstützen?

_____

Wo habe ich Fragen?

_____

Was stimmt mich bedenklich?

Verabredung für nächste Schritte (konkret, klein, machbar, positiv formuliert)

_____

Eltern

_____

Erzieherin

Die Eltern und Betreuungsperson haben vor allem ein gemeinsames Interesse: Das kleine Kind soll sich bei ihnen geborgen und sicher fühlen. Gegenseitige Anerkennung, Wohlwollen, Wertschätzung und die Bereitschaft, offen miteinander umzugehen, sind die wichtigste Voraussetzung dafür.

Mit den Gedanken und Anregungen der lösungsorientierten Kommunikation lassen sich Konflikte vermeiden oder klären.
Wenn das nicht erfolgreich ist, kann eine dritte Person z.B. die Kita-Leitung oder jemand von außen als Moderatorin die gestockte Kommunikation wieder in Fluss bringen.

6
Stress lass nach
Zu sich kommen statt außer sich sein

In diesem Kapitel geht es um Sie! Sie erfahren etwas darüber,

► wie Stress wirkt,

► wie er den Kontakt zum Baby belastet,

► wie Sie rasch wieder zu sich selbst kommen.

Der große Wunsch eines kleinen Kindes an seine Erwachsenen lautet: *Nimm mich wahr, sei achtsam, reagiere feinfühlig, pass dich an mein Tempo an und freu dich mit mir.* Die emotionale Schwingungsfähigkeit ist die Voraussetzung dafür, passend auf die Bedürfnisse des Kindes reagieren zu können. Eltern und Erzieherinnen sind jedoch zum Teil aus ähnlichen, zum Teil aus unterschiedlichen Gründen oft gestresst.

Stress ist ein Alarmzustand, der kurzfristig positiv wirkt, da er das Überleben sichert, und als Dauerzustand Körper, Geist und Seele sehr belastet.

Ein hohes geistiges und körperliches Erregungsniveau ist spürbar durch den Anstieg von Blutdruck und Herzfrequenz. Stresshormone werden ausgeschüttet, und es findet ein enormer Energieverbrauch statt. Alle unnötigen Funktionen werden heruntergefahren. Man bekommt „kalte Füße" im wörtlichen und im übertragenen Sinne. Danach stellt sich eine Art Kater ein: Der Körper ist ausgepowert, jetzt wäre Erholung nötig! Und genau das lassen die Anforderungen des Alltags häufig nicht zu.

Es gibt viele Belastungen in einem Erwachsenenleben, die Stress auslösen können: Beziehungskonflikte, materielle Sorgen, unerfüllbare Anforderungen am Arbeitsplatz, Tod oder Krankheit eines nahen Angehörigen, Angst vor der Zukunft. Mütter von kleinen Kindern können zudem belastet sein durch die Nachwirkungen einer schwierigen Geburt oder einer Trennung vom Baby. Auch eine versteckte postpartale Depression ist nicht auszuschließen, wenn eine Mutter sehr gestresst wirkt. Eltern leiden manchmal unter chronischem Schlafmangel, weil ihr Kind sie nachts häufig weckt.

Ein anderer emotionaler Stressfaktor können die „Gespenster im Kinderzimmer" sein: Gefühle von bodenloser Einsamkeit, Angst, Wut und Hilflosigkeit, die ihre Quelle in der eigenen frühen Kindheit der Eltern haben.

Eltern mit eher unsicheren eigenen Bindungsqualitäten haben zudem oft keine „sichere Basis", um wieder aufzutanken. Sie wollen alles allein schaffen oder verstricken sich in Ambivalenzen aus Wünschen nach Nähe und Ablehnung.

Wenn Eltern sich nicht nur angestrengt, sondern dauerhaft gestresst fühlen, sollten sie sich Hilfe suchen. Schon wenige Gespräche mit einer fachkundigen Beraterin können nachhaltig helfen, manchmal ist für eine Zeit auch eine stärker beziehungsorientierte Therapie sinnvoll.

Wie wirkt Stress?

Eltern im Stresszustand verlieren die Fähigkeit, mit ihrem kleinen Kind empathisch mitzuschwingen. Das Kind spürt, dass es seine vertraute Person nicht erreichen kann. Zwischen ihnen steht etwas wie eine hohe Mauer. Das kann zu Irritationen beim Kind führen. Außerdem werden in diesem Zustand die kindlichen Signale nicht wahrgenommen oder falsch interpretiert. Schließlich beginnt das Kind zu wei-

---

Was ist Stress?

Stress ist eine physiologische Reaktion auf eine als bedrohlich empfundene Situation. Jetzt kennt der Körper nur drei Möglichkeiten: Flüchten, kämpfen oder erstarren/„einfrieren" (flight, fight or freeze).
Ein Mensch fühlt sich bedroht,
- *wenn die Energiereserven am Limit sind,*
- *Anstrengung ohne Pause notwendig ist,*
- *wenn er sich überfordert fühlt,*
- *wenn er keinen Handlungsspielraum sieht,*
- *bei unklaren Anforderungen und Grenzenlosigkeit.*

Die vorherrschenden Gefühle sind Angst und Hilflosigkeit. Mit den Worten der Salutogenese: Das Kohärenzgefühl ist bedroht.

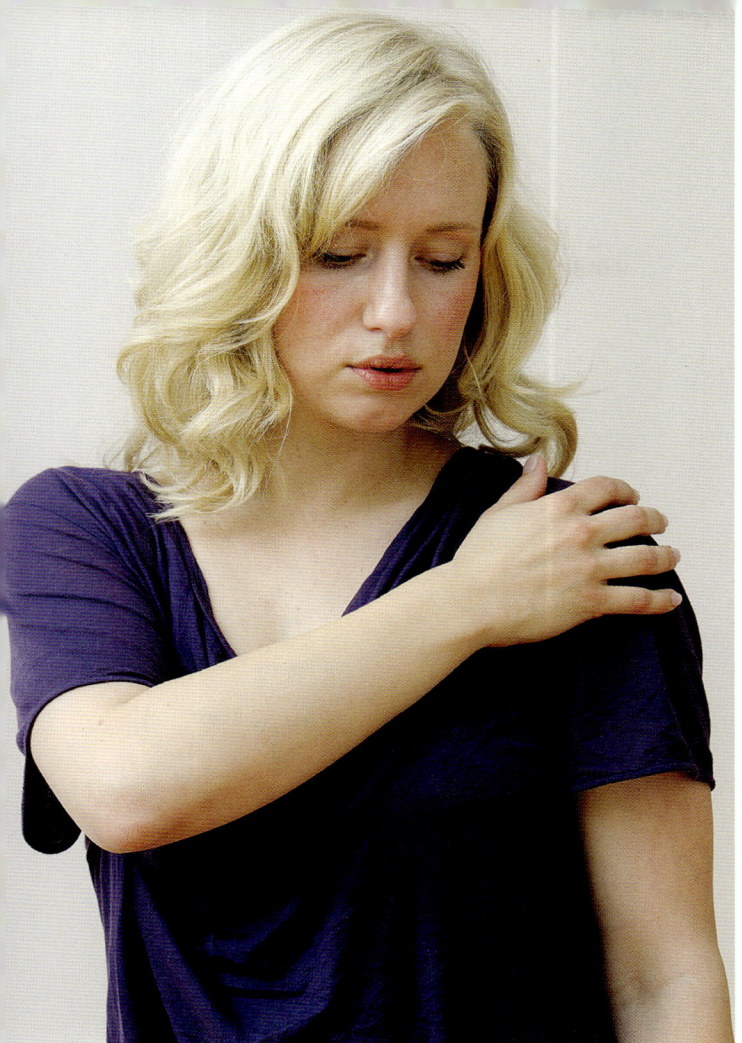

Freundlich mit sich selbst umgehen

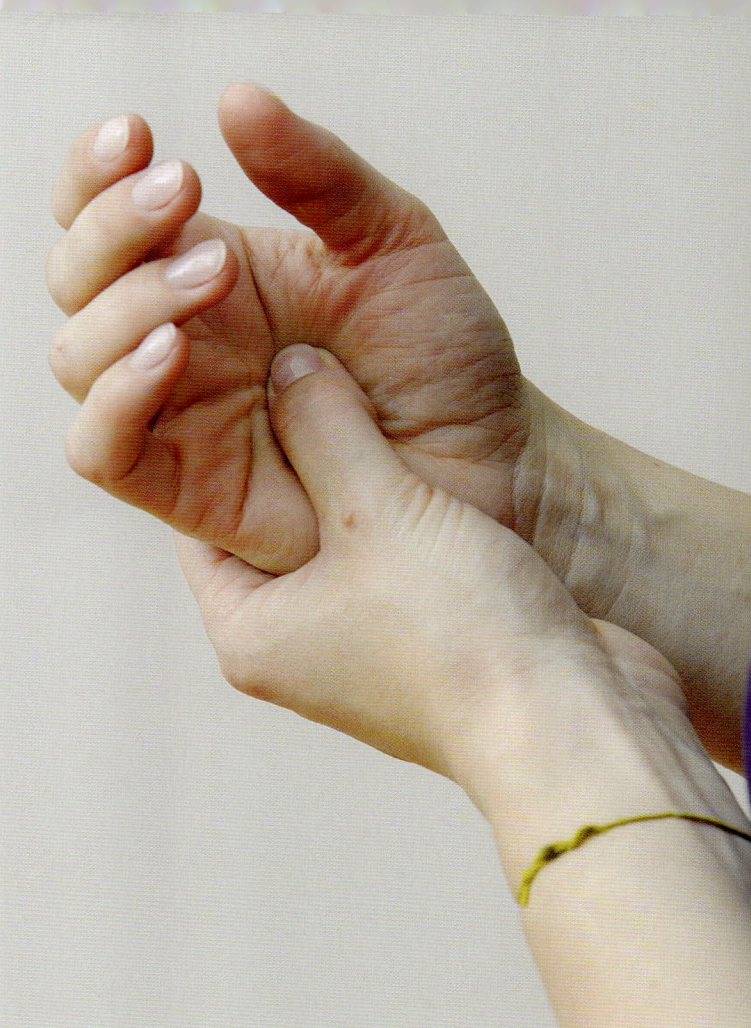

Massieren Sie das „Herz" Ihrer Hand

nen, der Stress der Eltern steigt. So kann ein Teufelskreis ausgelöst werden, an dessen Ende alle frustriert und erschöpft sind.

In anderen Situationen reagieren Kinder mit Rückzug. Sie spüren, dass jetzt für sie emotional nichts zu holen ist. Bei genauer Beobachtung ist zu erkennen, dass die Ruhe täuscht. Sie sind äußerlich ruhig, aber innerlich selbst hoch belastet (s. Feinzeichen S. 81 ff.).

Eltern können in stark gestresstem Zustand keine sichere Basis für ihr Kind sein. Es lohnt sich, Stress zu reduzieren, damit sie wieder zu sich zu kommen und für das Baby da sein können.

> Wer andere einladen will, muss bei sich selbst
> zu Hause sein.

Gestresste Erzieherinnen sind ebenso in ihrer emotionalen Schwingungsfähigkeit beeinträchtigt. Bei ihnen ist die Wirkung auf das Kind vielleicht nicht ganz so gravierend, aber auch für sie empfiehlt es sich, darauf zu achten, dass der ungute Zustand nicht andauert. Der Stress an ihrem Arbeitsplatz kann durch zu viele Kinder, Konflikte mit Kolleginnen und unerfüllbare Ansprüche aktiviert werden. Dann sind Chefin und das ganze Team gefordert, um ungute Strukturen zu verändern.

Situative Stressreduktion

Ein Baby kann nicht warten, bis seine Erwachsenen die Ursachen ihrer Belastung beseitigt haben. Es braucht die achtsame Präsenz der Eltern und Erzieherinnen, möglichst sofort.

„Der Körper ist die Bühne der Emotionen" (Damasio 2000). Ebenso, wie sich Stress körperlich zeigt, kann er auch über den Körper reduziert werden. Taktile und kinästhetische Reize bringen wieder Ordnung in das alarmierte Gehirn.

Berührung und Bewegung sind die Notfallmedizin für gestresste Menschen.

Einige Anregungen:

⊙ Spüren Sie den Boden unter Ihren Füßen.
⊙ Atmen Sie langsam aus und ein.

Kleine Kinder sind ein Geschenk, das uns jeden Tag überraschen und Freude bringen kann

- Berühren Sie sich selbst: Legen Sie die Hand auf Ihr Herz
- Oder reiben Sie mit dem Daumen die Handfläche der anderen Hand.
- Stellen Sie Ihren Blick weit und schauen Sie in die Ferne.
- Atmen Sie ruhig und gleichmäßig.

Wenn Sie etwas ruhiger geworden sind,

- schauen Sie das Baby an, und lassen Sie sich von ihm zum Schäkern, Spielen oder Schmusen einladen.
- Singen reduziert Stress sofort und nachhaltig.

Lernen Sie, Ihr Gehirn klug zu bedienen: Stressreaktionen sind erlernt und zur Gewohnheit geworden. Ebenso, wie Ihr Gehirn gelernt hat, auf nicht wirklich lebensbedrohliche Reize mit Stress zu reagieren, kann es auch lernen, entspannt auf anstrengende Situationen zu antworten. Das kann allerdings etwas dauern. Erlernen Sie eine Entspannungstechnik, damit Ihr Körper auf Anspannung mit einen Entspannungsreaktion antwortet.

- Sorgen Sie dafür, dass Sie Berührung bekommen. Sie wissen ja, dass Berührung Stress reduziert (→ S. 92 ff.). Kuscheln, Massagen, eine heiße Dusche oder Schwimmen: All das hilft.
- Singen Sie und lachen Sie, so oft es geht.
- Stellen Sie sich immer wieder diese drei stressreduzierenden Fragen:
  - Was genau empfinde ich als bedrohlich? (Die Angst ist oft irrational und nicht sachlich begründet.)
  - Was wäre das Schlimmste, was geschehen könnte? (Ich komme zu spät, welche Folgen hat das genau?)
  - Was kann ich realistischerweise tun? (Ich stehe im Stau. Ich kann nichts tun. Atmen und warten!)

Ein kleines Kind kann Erwachsenen Stress ins Haus bringen. Wenn es zur Welt kommt, hat es jedoch gleichzeitig ein Geschenk mitgebracht: die einzigartige Fähigkeiten, seine Erwachsenen mit Freude und tiefen Gefühlen der Verbundenheit zu erfüllen.

Und Kinder lachen viele Male am Tag. Lachen Sie mit!

Ausklang
Wunschzettel eines kleinen Kindes

Alles Große im Leben ist schlicht –
und manchmal nicht ganz leicht zu leben.

Damit es uns gemeinsam gut geht,
wünsche ich mir von euch …

Bitte seid da, einfach da,
mit offenen Augen und Ohren, mit dem Herzen, mit der Stimme,
mit Händen und Füßen und Bauch und Brust!

Bitte freut euch an mir und mit mir über die Welt! Sie ist so groß und
wunderbar.

Bitte schenkt mir Zeit:
Zeit mit euch, damit ich euch spüren kann.
Zeit allein, damit ich mich selbst entdecken kann.
Zeit zum Ruhen, wenn ich müde bin.
Zeit zum Spielen und Entdecken, wenn ich wach und bereit bin.
Und lasst mir Zeit, damit ich mich in meinem Tempo entwickeln kann.

Bitte seid alle für mich da, jede zu ihrer Zeit und jeder auf seine Weise.
Mama und Papa und all die anderen Großen und Kleinen:
Bildet gemeinsam ein Netz, das mich auffängt, und gebt mir einen
sicheren Platz, ein Zuhause, von dem aus ich starten kann.

Bitte seid groß, stark, weise und freundlich, auch wenn ich weine,
schreie und tobe. Dann brauche ich eure Wärme ganz besonders.

Ich habe etwas für euch:
Mit mir könnt Ihr selbst für Momente staunen, spielen und euch freuen.
Es ist einfach schön, dieses Leben mit euch!

So kann ich mich wohlfühlen und glücklich sein.
So kann ich wachsen und lernen – mein ganzes Leben lang.

Anhang

Literatur

Ahnert, L,: Frühe Bindung, München 2004 (Ernst Reinhard)

Ainsworth, M.; Blehar,M.; Waters, E., Wall,S.: Patterns of attachment, Hillsdale 1978 (Erlbaum)

Antonovsky, A.: Salutogenese, dt. erw. hgg. von Alexa Franke, Tübingen 1997 (dgvt)

Barth, R.: Was mein Schreibaby mir sagen will, Weinheim 2008 (Beltz)

Bauer, J.: Warum ich fühle, was du fühlst München 2009 (Heyne)

Bengel et al: Was erhält Menschen gesund? In: Bundeszentrale für gesundheitliche Aufklärung 2001

Berg, I. K./de Jong, P.: Lösungen (er-)finden, Dortmund 2008 (Verlag Modernes Lernen Borgmann)

Brazelton, T. B.: Neonatal assessment Behavior Scale, Philadelphia 1984

Brisch, K. H./Hellbrügge, Th: Die Anfänge der Eltern-Kind-Bindung, Stuttgart 2006 (Klett Cotta)

Damasio, A.: Ich fühle, also bin ich, München 2000 (Paul List)

Dornes, M.: Die Seele des Kindes, Frankfurt/M. 2006 (Fischer)

Fries, M.: Wie ein Baby seine Welt entdeckt, Weinheim 2010 (Beltz)

Haug-Schnabel, G./Bensel, J.: Grundlagen der Entwicklungspsychologie, Freiburg 2005 (Herder)

Hédervári-Heller, E.: Emotionen und Bindung bei Kleinkindern, Weinheim 2011 (Beltz)

Hüther, G.: Bedienungsanleitung für ein menschliches Gehirn, Göttingen 2001 (Vandenhoek & Ruprecht)

Hüther, G./Nitsch, C.: Wie aus Kindern glückliche Erwachsenen werden, München 2008 (Gräfe & Unzer)

Hernandez-Reif, M.: Die Effekte von Berührung und Massage auf Kinder und Eltern, Vortrag auf dem Symposium „Der Säugling – Bindung, Neurobiologie und Gene in der Universität München 2006

Juul, J.: Das kompetente Kind, Reinbek 1997 (Rowohlt)

Keupp, H.: Befähigungsgerechtigkeit als Ziel der Gesundheitsförderung Heranwachsender, in: Familiendynamik, Heft 3/2010

Klein, J./Klein, M.: Bindung, Selbstregulation und ADS, Dortmund 2003 (Verlag Modernes Lernen)

Klein, M.: Schmetterling und Katzenpfoten. Massagen für Babys und Kinder, Münster 2007 (Ökotopia)

Klein, M.: Wenn Babys weinen, München 2007 (Irisiana)

Klein, M./Schön, B./Stüwe M.: Das Baby-Buch, Weinheim 2009 (Beltz)

Krüll, M.: Die Geburt ist nicht der Anfang, Stuttgart 2009 (Klett-Cotta)

Lorenz, R.: Salutogenese, München 2004 (Reinhardt)

Largo, R.: Babyjahre, München 20093 (Piper)

Marvin, R.S./Cooper, G./Hoffman, K./Powell, B.: Das Projekt „Kreis der Sicherheit", in: Scheurer-Englisch/Suess/Pfeifer: Wege zur Sicherheit, Gießen 2003 (Psychosozial)

Maywald, J.: Die beste Frühbetreuung, Weinheim 2010 (Beltz)

Maywald,J./Schön, B. (Hg.): Wie frühe Betreuung gelingt. Fundierter Rat zu einem umstrittenen Thema, Weinheim 2008 (Beltz)

Montagu, A: Touching: The Human Significance of the Skin, New York 1971 (Harper & Row)

Odent, M.: Die Wurzeln der Liebe, Düsseldorf 2001 (Patmos)

Opaschowski, H.: Wir! Warum Ichlinge keine Zukunft mehr haben, Hamburg 2010 (Murmann)

Prior, M.: Minimax Interventionen, Heidelberg 2002 (Carl Auer)

Pikler, E./Tardos, A.: Miteinander vertraut werden, Freiburg 1997 (Herder)

Rogge, J.-U.: Wenn Kinder trotzen, Reinbek 2004 (Rowohlt)

Schiffer, E.: Wie Gesundheit entsteht, Weinheim und Basel 2001 (Beltz)

Stern, D.: Tagebuch eines Babys, München 1993 (Piper)

Tomasello, M.l: Die Ursprünge der menschlichen Kommunikation Frankfurt/M. 2009 (Suhrkamp)

Ziegenhain, U./Fries, M./Bütow, B./Derksen, B.: Entwicklungspsychologische Beratung für junge Eltern, Weinheim 2004 (Juventa)

Fachzeitschrift

Frühe Kindheit, Deutsche Liga für das Kind, Berlin, www.liga-kind.de

DVD

Mundzek, H., Braak, H.: Ein Leben beginnt. Babys Entwicklung verstehen und fördern,, Berlin 2009, www.ein-leben-beginnt.de

Mundzek, H., Braak, H.: Krippenkinder, Berlin 2011, www.familie-und-krippe.de

Mit den Kleinsten im Kontakt: ganz praktisch

Hering, Wolfgang; Jekic, Angelika: Musik mit den ganz Kleinen, Reinbek, Rowohlt 2007

Klein, Margarita: Schmetterling und Katzenpfoten, Massagen für Babys und Kinder, Ökotopia, Münster, 7. Auflage 2009

Klein, Margarita; Höfele, Hartmut; Hirler, Sabine. Sanfte Klänge für Babys und Kleinkinder (mit CD), Ökotopia Verlag, Münster 2010

Kunz, Marianne; Friebel, Volker: Rhythmus, Klang und Reim, Ökotopia Verlag, Münster 2005

Lohmann, Cornelia: Babys in Bewegung, Aachen, Meyer & Meyer Verlag, 2010

Wiegenlieder, CD, Carus Verlag, Vol. I 2009, Vol. II 2010. Parallel dazu ist im Reclam Verlag eine Buchausgabe mit demselben Titel erschienen.

Kontakte

Deutsche Liga für das Kind
Charlottenstr. 65, 10117 Berlin
www-liga-kind.de

GAIMH (German speaking Association for Infant Mental Health)
Interdisziplinärer Zusammenschluss von Fachleuten für die seelische Gesundheit im frühen Kindesalter: Entwicklungsbegleitung, Beratung und Therapie
www.gaimh.org

Die Autorin

Margarita Klein, Diplom-Pädagogin und Hebamme, ausgebildet in systemischer Beratung/Familientherapie, PEP und Hypnose, leitet im KREISEL e. V. ... für das Leben mit Kindern, Institut für Weiterbildung und Familienentwicklung den Fachbereich „Frühe Kindheit". Angebote: „Systemische Beratung für Familien mit Säuglingen und kleinen Kindern", „Familienhebamme – eine Chance für einen besseren Start", „Massagen für Babys und Kinder" und „Stress lass nach: So bleiben Sie gesund!"

Sie bietet mit ihrem Team aus Hebammen und Pädagoginnen im „kleinen KREISEL" Schwangeren, Eltern und ihren kleinen Kindern einen Ort für freundliche Begegnung, unterstützende Kurse und kompetente Beratung. Sie ist erfolgreiche Autorin und schreibt für Eltern und Fachleute, lebt in Hamburg, ist verheiratet, hat zwei erwachsene Töchter und ein Enkelkind.
„Mein Motto (frei nach Pippi Langstrumpf): Die Welt ist voller Schätze, und es ist dringend nötig, dass sie jemand findet."

Kontakt:
margaritaklein@kreiselhh.de
www.kreiselhh.de

Die Beiträgerinnen

Dr. med. **Dagmar Brandi,** Kinderärztin und TP-Psychotherapeutin für Erwachsene und Kinder, arbeitet in Hamburg-Winterhude in der interdisziplinären Einrichtung „Beratungspraxis von Anfang an – Erste Hilfe und Beratung für Eltern von Kindern 0–3".

Gudrun Schulz, systemische Therapeutin (SG), Dipl. Sozialwirtin, Erzieherin, ehemalige Kindergartenleiterin. Sie bietet Beratung und Supervision an sowie Aus- und Fortbildung.
Kontakt: gudrunschulzhh@t-online.de

Der Fotograf

Horst Lichte, Jahrgang 1948, war über 20 Jahre als freier Sportfotograf für bekannte Tageszeitungen tätig. Er hat mehr als 180 Bücher bebildert, überwiegend aus dem Bereich Sport und Fitness, vor allem für den Rowohlt Verlag. Bei Ökotopia sind seine liebevollen Baby- und Kinderfotos in dem erfolgreichen Buch „Schmetterling und Katzenpfoten" von Margarita Klein erschienen.